ASIA KÜCHE

Die besten Rezepte aus China, Indien und Thailand

ASIA KÜCHE

Die besten Rezepte aus China, Indien und Thailand

p

Parragon Books Ltd
Queen Street House
4 Queen Street
Bath BA1 1HE, UK

Übersetzung: Lisa Heilig, Köln; Inga-Brita Thiele, Köln
Redaktion und Satz: trans texas GmbH, Köln

ISBN: 978-1-4054-9028-3

Printed in China

- Sofern die Schale von Zitrusfrüchten benötigt wird, verwenden Sie unbedingt unbehandelte Früchte.
- Sind Zutaten in Löffeln angegeben, ist immer ein gestrichener Löffel gemeint: Ein Teelöffel entspricht 5 ml, ein Esslöffel 15 ml.
- Sofern nicht anders angegeben, wird Vollmilch (3,5 % Fett) verwendet.
- Es sollte stets frisch gemahlener schwarzer Pfeffer verwendet werden.
- Bei Eiern und einzelnen Gemüsesorten, z. B. Kartoffeln, verwenden Sie mittelgroße Exemplare. Kinder, ältere Menschen, Schwangere, Kranke und Rekonvaleszenten sollten auf Gerichte mit rohen oder nur leicht gegarten Eiern verzichten.
- Die angegebenen Zeiten können von den tatsächlichen leicht abweichen, da je nach verwendeter Zubereitungsmethode und vorhandenem Herdtyp Schwankungen auftreten.

Inhalt

Einleitung

Einleitung

Wer kann dem unvergleichlichen Geschmack und den Aromen Asiens widerstehen? Zarte Teigtaschen, meisterhaft zubereitet mit köstlichen exotischen Gewürzen, verwöhnen den Gaumen und machen Appetit auf mehr. Asien ist ein Kontinent der Kontraste, der viele Kulturen in sich vereint, die die unterschiedlichsten Gerichte hervorgebracht haben.

Dieser Band ist den drei besten kulinarischen Traditionen Asiens gewidmet: der wunderbaren chinesischen, der duftenden indischen sowie der aromatischen thailändischen Küche. Jedes dieser Länder wird Sie mit seinen unverwechselbaren Spezialitäten begeistern!

Die zeitlose chinesische Küche

Die chinesische Küche hat eine lange Tradition. Von alters her profitieren die Chinesen von der Flexibilität ihrer Küche. Köstliches Fleisch, Geflügel, Fisch und Gemüse werden mit Saucen und Gewürzmischungen im Wok gebraten und mit Reis oder Nudeln serviert. In Zeiten des Mangels schafften es chinesische Köche, aus wenigen Zutaten nahrhafte und schmackhafte Gerichte zu zaubern. In Zeiten des Überflusses fügte man den Gerichten dann ein paar edlere Zutaten hinzu. Auf diese Weise hat sich die chinesische Küche den Zeiten angepasst, aber ihre grundlegende Philosophie und Tradition dennoch bewahrt.

Die chinesische Küche kann in vier kulinarische Bereiche eingeteilt werden: Nord-, Süd-, Ost- und Westchina. In den nördlichen Provinzen, darunter auch Peking, herrscht ein trockenes Klima mit strengen Wintern. Eines der Grundnahrungsmittel des Nordens ist das Weizenmehl, weshalb dort eher Nudeln als Reis gegessen werden. Trotz der Nähe zum Ostchinesischen Meer bevorzugt die dortige

regionale Küche eher Fleisch- als Fischgerichte. Aus dieser Region stammt die klassische Peking-Ente, die Peking-Sauce und Fu Yung, eine Art Eiersauce. Durch ausländische Händler kamen neue Lebensmittel in den Norden, mit denen die Gerichte verfeinert wurden. Dazu gehören Sesam, Walnüsse, Erbsen, Koriander, Trauben und Knoblauch.

Im Osten Chinas, in den fruchtbaren Tälern von Shanghai und den angrenzenden Provinzen, wird traditionell Reis angebaut. So hat gebratener Reis mit Ei hier seinen Ursprung und durch den Jangtsekiang-Fluss stehen häufig Fisch und Krustentiere auf dem Speiseplan. Ebenso beliebt sind Ente, Gans, Schwein und gepökelter Schinken, die mit Honig, Ingwer und Reiswein aromatisiert werden.

Die berühmteste chinesische Kochschule ist im Süden des Riesenreichs beheimatet und wird heute auf der ganzen Welt geschätzt: die Kanton-Küche. Aus dieser Region stammen so berühmte Gerichte wie Dim Sum, süß-saure Saucen und köstliche Gerichte mit Fisch und Meeresfrüchten.

Im Westen Chinas – in Sichuan, Hunan und den angrenzenden Provinzen – liebt man es scharf und würzig. Die Provinzen sind weit vom Meer entfernt und die hohe Luftfeuchtigkeit führt zu einem reichhaltigen Angebot an konservierten Lebensmitteln. Diese Gebiete sind berühmt für ihren luftgetrockneten Schinken, der als Yunnan- oder Xuanwei-Schinken bekannt ist.

Wokgerichte sind in allen Regionen Chinas und inzwischen auch auf der ganzen Welt beliebt. Sie sind sehr schmackhaft und gesund, da die Zutaten in kurzer Zeit mit wenig Fett gegart werden. Der traditionelle Wok hat zwei Henkelgriffe, doch werden heute Modelle mit einem langen Stielgriff bevorzugt. Sie können auch eine große, schwere Pfanne verwenden, doch ist ein Wok immer vorzuziehen, da sich die Hitze wegen der hohen Seitenwände gleichmäßiger ausbreitet.
Die Zutaten müssen dadurch kürzer gegart werden und bleiben knackiger.

Auf chinesischen Tischen lassen sich keine Messer finden, da sämtliche Zutaten schon in der Küche in mundgerechte Stücke zerteilt werden. Auch gibt es keine Salz- und Pfefferstreuer, da es in China als sehr unhöflich gilt, Speisen nachzuwürzen, mit denen sich der Koch so viel Mühe gegeben hat!

Indien – Land der unvergleichlichen Aromen

Wie China kann auch Indien kulinarisch in vier Regionen eingeteilt werden. Den Norden Indiens, in dem sich der Bundesstaat Punjab befindet, beherrschen sehr heiße Sommer und kalte Winter. Dadurch ist die dortige regionale Küche sehr gehaltvoll. Dies ist die Heimat von Tandoori-Küche, vielen Lamm-Gerichten, Kormas und Nan-Brot. Die Gerichte werden häufig mit Garam masala, einer Mischung aus trocken gerösteten und dann gemahlenen Gewürzen, verfeinert.

Im Osten, wo sich die Bundesstaaten Orissa und Westbengalen befinden, herrscht ein heißes Klima mit hoher Luftfeuchtigkeit. Anders als im Norden wird hier Reis und nicht Brot als Beilage gereicht. Auch wird viel Fisch verzehrt, da die östlichen Landesteile an die Bucht von Bengalen grenzen. Der Osten des Subkontinents ist auch sehr bekannt für seine Assam- und Darjeeling-Tees.

Im Süden, in dem sich auch die Bundesstaaten Goa und Kerala befinden, ist das Klima wesentlich feuchter. Hier entstand, durch den vermehrten Anbau von Hülsenfrüchten, das Dal, ein köstliches Linsengericht. Die Küche ist zwar hauptsächlich vegetarisch, doch gibt es hier auch vielfältige Fleischspezialitäten, wie etwa die feurigen Vindaloo-Currys.

Im Westen Indiens, in dem der Bundesstaat Gujarat liegt, werden viele Milchprodukte, wie Joghurt und Buttermilch, verzehrt. Auch eingelegtes Gemüse ist hier sehr beliebt. In Bombay, das an der Westküste liegt, vereinen sich die Küchen Nord- und Südindiens. Hier werden sowohl Getreideprodukte als auch Reis gegessen und es gibt eine sehr große Auswahl an Fischgerichten. Auch im Westen wird viel frisches Gemüse verarbeitet und der Karottensalat aus Gujarat gilt als beliebte Spezialität.

Für die Zubereitung indischer Gerichte werden keine besonderen Küchenutensilien benötigt. Allerdings könnte ein Mörser zum Mahlen der Gewürze sehr hilfreich sein.

Indien hat seine eigene Version des Wok: eine große Pfanne mit zwei Griffen, die als „Balti"- oder „Kadhai"-Pfanne bekannt ist. Sie wird sowohl verwendet, um Currys zuzubereiten als auch um Fleisch- und Gemüsegerichte zu garen, die dann direkt aus der Pfanne gegessen werden. Wenn Sie keine solche Pfanne besitzen, können Sie einfach einen Wok oder eine große, tiefe Pfanne verwenden.

Die exquisite Küche Thailands

Thailand kann in drei kulinarische Regionen eingeteilt werden: den Norden, die Mitte und den Süden. Im Norden sind Gerichte mit Gemüse, gedämpftem Reis und Chilisaucen beliebt sowie Schweinefleisch, Würste, Hühnchen und Ente.

In der Mitte des Landes stehen Gemüsesuppen, Salate, Omelett und fangfrischer Fisch häufig auf dem Speiseplan. Aus dieser Region stammt auch das bekannte rote Thai-Curry. Die kunstvolle Präsentation der Gerichte, die die thailändische Küche international bekannt machte, wird hier besonders kultiviert.

Der Süden Thailands, zu dem auch Bangkok gehört, ist bekannt für seine scharfen Gerichte. Die Region ist geprägt von der unmittelbaren Nähe zum Golf von Thailand und glänzt mit köstlichen Fisch- und Meeresfrüchtekreationen.

Die thailändische Küche zeichnet sich durch ihre wunderbare Vielfalt an Kräutern und Gewürzen aus, darunter Kaffir-Limettenblätter, Zitronengras, Thai-Basilikum und Koriander, die vielen Gerichten ihr unvergleichliches Aroma verleihen.

Um thailändisches Essen zuzubereiten, ist keine besondere Ausstattung erforderlich. Wenn Sie einen Wok besitzen, können Sie darin auch thailändisches Essen zubereiten. Auch in Thailand wird grundsätzlich ohne Messer gegessen, da die Speisen schon in der Küche in mundgerechte Stücke zerkleinert werden.

Köstliche Gerichte im Handumdrehen

Sie können sich den Geschmack und die Aromen Asiens mit einigen wenigen Grundzutaten in Ihre Küche holen. In Ihrem Küchenschrank sollten Sie chinesische Eiernudeln, Basmati-Reis und feine Reisnudeln vorrätig haben. Dazu noch Linsen, Sojasauce, thailändische Fischsauce und einige asiatische Gewürze. So brauchen Sie nur noch die frischen Zutaten der jeweiligen Gerichte zu kaufen und können schon mit dem Kochen beginnen. Die Rezepte in diesem Buch sind einfach und schnell in der Zubereitung, aber unvergesslich im Geschmack.

GRUNDREZEPTE

Rote Thai-Currypaste

1 EL Koriandersamen
1 EL Kreuzkümmelsamen
2 TL Garnelenpaste
12 getrocknete oder frische rote Chillies, gehackt
2 Schalotten, gehackt
8 Knoblauchzehen, gehackt
2,5-cm-Stück Galgantwurzel, gehackt
2 Stängel Zitronengras (nur der weiße Teil), gehackt
4 Kaffir-Limettenblätter, gehackt
2 EL frisch gehackte Korianderwurzeln
geriebene Schale von 1 Limette
1 TL schwarze Pfefferkörner

Koriander- und Kreuzkümmelsamen 2–3 Minuten in einer Pfanne unter ständigem Rühren trocken rösten, bis sie schön gebräunt sind. Die Pfanne vom Herd nehmen und die Samen in einem Mörser fein mahlen. Die Garnelenpaste in ein Stück Alufolie einschlagen und in der Pfanne 2–3 Minuten trocken rösten, dabei 1- bis 2-mal wenden. Gemahlene Samen, Garnelenpaste und Chillies im Mixer oder mit dem Pürierstab sehr fein hacken. Die restlichen Zutaten hinzufügen und zu einer glatten Paste verarbeiten.

Gelbe Thai-Currypaste

3 frische kleine orangefarbene oder gelbe Chillies, grob gehackt
3 große Knoblauchzehen, grob gehackt
4 Schalotten, grob gehackt
1 EL gemahlene Kurkuma
1 TL Salz
13–15 schwarze Pfefferkörner
1 Stängel Zitronengras (nur der weiße Teil), grob gehackt
2,5-cm-Stück frische Ingwerwurzel, gehackt

Alle Zutaten in einem Mixer oder mit dem Pürierstab zu einer dicken Paste verarbeiten.

Grüne Thai-Currypaste

Zutaten siehe Rote Thai-Currypaste. Dabei aber die roten Chillies durch 15 frische grüne Bird's Eye Chillies ersetzen, nur 6 Knoblauchzehen und 6 Kaffir-Limettenblätter verwenden und zusätzlich 1 Teelöffel Salz hinzufügen.

Knoblauch-Ingwer-Paste

Einen Teil Knoblauch und einen Teil frische Ingwerwurzel pürieren und in ein Schraubglas füllen.

Magische Thai-Paste

In dieser Paste werden die 3 beliebtesten thailändischen Gewürze verarbeitet: 1 Knoblauchknolle schälen und mit 1 Bund frischem Koriander (Blätter und Wurzeln) und ¼ Tasse weißer Pfefferkörner im Mixer zu einer glatten Paste verarbeiten. Hält sich 3–4 Tage im Kühlschrank. Die Paste kann in kleinen Portionen auch tiefgekühlt werden. Sie ist auch in Gläsern im Handel erhältlich.

Chinesische Pfannkuchen

FÜR 30 STÜCK

450 g Mehl, plus etwas mehr zum Bestäuben
1 Prise Salz
300 ml kochendes Wasser
2 EL kaltes Wasser
½ TL Sesamöl

Mehl und Salz in eine Schüssel sieben und mit dem kochenden Wasser langsam zu einem dicken Teig rühren. Kaltes Wasser und Sesamöl unterrühren und 4 Minuten zu einem glatten Teig kneten. Abgedeckt 30 Minuten ruhen lassen. Eine Arbeitsfläche mit Mehl bestäuben. Den Teig in 2 Portionen teilen und glatt kneten. Zu einem Strang ausrollen und in 15 Portionen teilen. Zu Kreisen von 15 cm Durchmesser ausrollen. Eine beschichtete Pfanne ohne Fett erhitzen, dann die Hitze reduzieren. Die Pfannkuchen von beiden Seiten etwa 10 Sekunden anbraten.

Weiche Teigblätter für Frühlingsrollen

FÜR 20 STÜCK

500 g Mehl
1 TL Salz
4 Eier, verquirlt
500 ml Wasser
6 EL Speiseöl

Mehl und Salz in eine Schüssel sieben. Eine Vertiefung in die Mitte drücken und die Eier hineinrühren. Das Wasser langsam unter ständigem Rühren einarbeiten, bis ein glatter dicker Teig entstanden ist. Das Öl unterrühren. Eine kleine beschichtete Pfanne von etwa 15 cm Durchmesser erhitzen. 3 Esslöffel Teig hineingeben und durch Schwenken rasch auf dem Pfannenboden verteilen. Das Teigblatt backen, bis sich die Ränder von der Pfanne lösen. Die fertigen Teigblätter stapeln und mit den anderen Frühlingsrollenzutaten verarbeiten.

Suppen und Vorspeisen

FÜR 4–6 PERSONEN

280 g Spareribs, in kleine Stücke zerteilt
1,2 l Wasser
2 Tomaten, entkernt und grob gehackt
3 dünne Scheiben frische Ingwerwurzel
140 g Bohnensprossen
2 TL Salz
200 g weicher Tofu, in 2,5 cm große Würfel geschnitten

16

NGA CHOI DAU FU TONG

Suppe mit Tofu und Bohnensprossen

Wasser in einem Topf zum Kochen bringen und die Spareribs darin 30 Sekunden blanchieren. Herausnehmen, abtropfen lassen und beiseitestellen.

Das abgemessene Wasser zum Kochen bringen. Spareribs, Tomaten und Ingwer 10 Minuten darin kochen. Die Tomatenschalen abschöpfen. Bohnensprossen und Salz zufügen und alles abgedeckt 1 Stunde köcheln lassen. Dann die Tofuwürfel zugeben und weitere 2 Minuten mitköcheln lassen. Heiß servieren.

FÜR 4–6 PERSONEN

60 g Kichererbsenmehl (Besanmehl)
1 TL gemahlene Kurkuma
¼ TL Chilipulver
½ TL Salz
400 g Naturjoghurt
2 EL Ghee, Pflanzen- oder Erdnussöl
700 ml Wasser

GARNIERUNG

½ EL Ghee, Pflanzen- oder Erdnussöl
¾ TL Kreuzkümmelsamen
½ TL schwarze Senfsamen
½ TL Bockshornkleesamen
4–6 frische rote Chillies, je nach Anzahl der Portionen

HALDI DAHI KA SHORBA

Joghurtsuppe mit Kurkuma

Kichererbsenmehl, Kurkuma, Chilipulver und Salz in einer großen Schüssel mischen. Den Joghurt mit einem Schneebesen oder einer Gabel gründlich unterrühren, sodass keine Klümpchen bleiben.

Das Ghee in einem Kadhai, einem Wok oder einem Schmortopf auf mittlerer Stufe erhitzen. Zuerst die Joghurtmischung, dann nach und nach das Wasser unterrühren. Alles kurz aufkochen, dann die Hitze reduzieren und die Suppe auf niedrigster Stufe unter häufigem Rühren 8 Minuten köcheln, bis sie etwas eindickt. Mit Salz abschmecken.

Für die Garnierung das Ghee in einem kleinen Topf zerlassen. Kreuzkümmel-, Senf- und Bockshornkleesamen zugeben und unter Rühren erhitzen, bis die Samen platzen. Die Chillies zugeben, den Topf vom Herd nehmen und 30 Sekunden rühren, bis die Chillies Blasen werfen. (Vorsicht: Wenn sie frisch sind, können sie platzen und hochspringen.)

Die Suppe in Schalen geben und vor dem Servieren mit den gerösteten Gewürzen und dem gebräunten Ghee garnieren.

Tipp

Statt der gebratenen Gewürze können Sie auch einen Löffel Koriander-Chutney als Garnierung auf jede Suppenportion geben.

FÜR 4–6 PERSONEN

3 getrocknete chinesische Pilze, 20 Min. in heißem Wasser eingeweicht
120 g Schweinefilet
60 g Bambussprossen, frisch oder aus der Dose, abgespült (frische Sprossen zuvor 30 Min. in Wasser kochen)
225 g fester Tofu
850 ml Hühnerbrühe
1 EL Shaoxing-Reiswein
1 EL helle Sojasauce
1½ EL Reisweinessig
1 TL weißer Pfeffer
1 TL Salz
1 Ei, leicht verquirlt

SYUN LAAT TONG
Scharf-saure Suppe

Die Pilze gut ausdrücken, die harten Stiele entfernen und die Kappen in feine Streifen schneiden. Schweinefilet, Bambussprossen und Tofu in feine Scheiben bzw. Würfel schneiden.

Die Brühe zum Kochen bringen. Das Fleisch zugeben und bei starker Hitze 2 Minuten kochen. Pilze und Bambussprossen zufügen und 2 Minuten mitkochen. Reiswein, Sojasauce, Reisweinessig, Pfeffer und Salz zugeben. Erneut aufkochen und abgedeckt 5 Minuten köcheln lassen. Den Tofu zufügen und ohne Deckel 2 Minuten köcheln lassen.

Das Ei zügig unter die Suppe rühren. Sofort servieren.

TIPP
Diese Suppe erhält ihre Schärfe durch den weißen Pfeffer.

FÜR 4 PERSONEN

1 l Rinderbrühe

150 ml Pflanzen- oder Erdnussöl

100 g Reis-Fadennudeln

2 Schalotten, in feinen Ringen

2 Knoblauchzehen, zerdrückt

2,5-cm-Stück frische Ingwerwurzel, in dünnen Scheiben

220 g Rinderfiletsteak, in feinen Streifen

2 EL grüne Thai-Currypaste (s. S. 12)

2 EL Sojasauce

1 EL Fischsauce

frisch gehackter Koriander, zum Garnieren

MIE NÜA DTOM JAM

Würzige Nudelsuppe mit Rindfleisch

Die Brühe in einem großen Topf zum Kochen bringen. Inzwischen das Öl in einem Wok oder einer großen Pfanne erhitzen. Ein Drittel der Nudeln darin 10–20 Sekunden frittieren, bis sie knusprig aufgehen. Mit einer Küchenzange herausnehmen, auf Küchenpapier abtropfen lassen und beiseitestellen. Das Öl bis auf 2 Esslöffel aus dem Wok gießen.

Schalotten, Knoblauch und Ingwer in den Wok geben und unter Rühren 1 Minute anbraten. Rindfleisch und Currypaste untermengen und unter Rühren weitere 3–4 Minuten braten, bis das Fleisch gar ist.

Die Fleischmischung, die übrigen Nudeln, Sojasauce und Fischsauce in den Topf mit der Brühe geben und alles 2–3 Minuten köcheln, bis die Nudeln aufgegangen sind. Die Suppe mit gehacktem Koriander und den knusprig frittierten Nudeln garnieren und heiß servieren.

FÜR 6–8 PERSONEN
30 quadratische Wantan-Hüllen
1 Eiweiß, leicht verquirlt

WANTAN-FÜLLUNG
175 g Schweinehack
225 g rohe Garnelen, ausgelöst und gehackt
½ TL fein gehackte frische Ingwerwurzel
1 EL helle Sojasauce
1 EL Shaoxing-Reiswein
2 TL fein gehackte Frühlingszwiebeln
1 Prise Zucker
1 Prise weißer Pfeffer
1 Spritzer Sesamöl

SUPPE
2 l Hühnerbrühe
2 TL Salz
½ TL weißer Pfeffer
2 EL fein gehackte Frühlingszwiebeln
1 EL frisch gehackte Korianderblätter, zum Garnieren

WUN TUN TONG

Wantan-Suppe

Die Zutaten für die Wantan-Füllung gründlich zu einer cremigen Masse verrühren. Mindestens 20 Minuten ruhen lassen.

Für die Wantans jeweils eine teelöffelgroße Portion Füllung in die Mitte jedes Teigblatts setzen. Die Ränder mit etwas Eiweiß bestreichen und die gegenüberliegenden Ecken zusammendrücken, ebenso die Kanten.

Für die Suppe die Brühe zum Kochen bringen und mit Salz und Pfeffer würzen. Die Wantans in der Brühe etwa 5 Minuten kochen, bis sich die Teigränder wellen.

Die Frühlingszwiebeln auf Suppenschalen verteilen, diese mit Wantans und Brühe auffüllen. Mit dem Koriander garnieren.

TIPP

Da die Brühe nicht durch weitere Einlagen geschmacklich angereichert wird, sollten Sie eine kräftige selbst gemachte Hühnerbrühe und keine Instant-Brühe verwenden.

FÜR 4 PERSONEN

2 EL Pflanzen- oder Erdnussöl
4 Schalotten, fein gehackt
2 Knoblauchzehen, gehackt
2 TL Kurkuma
2 Stängel Zitronengras, in je 3 Stücken
2 frische grüne Chillies, entkernt und gehackt
3 Korianderwurzeln, gehackt
3 große Tomaten, enthäutet, entkernt und gehackt, oder 400 g Tomaten aus der Dose, gehackt
850 ml Fischfond
2 TL Palmzucker oder brauner Zucker
2 EL Fischsauce
220 g frische Miesmuscheln
12 rohe Riesengarnelen, geschält und mit Schwänzen
220 g Weißfischfilet, in große Würfel geschnitten
220 g Tintenfisch, küchenfertig und in Ringe geschnitten
Saft von 1 Limette
3–4 frische Thai-Basilikumzweige

DTOM DJÜD RUAM-MIT TA-LEH SAI BAI-HO-RA-PAH

Meeresfrüchtesuppe mit Basilikum

Das Öl in einem Wok oder einer großen Pfanne erhitzen. Schalotten, Knoblauch, Kurkuma, Zitronengras, Chillies und Korianderwurzeln darin 1–2 Minuten unter Rühren anbraten. Tomaten, Fischfond, Zucker und Fischsauce untermengen und alles 8–10 Minuten köcheln.

Die Muscheln unter fließend kaltem Wasser abbürsten und Bärtchen entfernen. Muscheln mit beschädigter Schale und offene Muscheln, die sich beim Gegenklopfen nicht sofort schließen, wegwerfen.

Muscheln, Garnelen, Fischwürfel und Tintenfisch in den Wok geben und abgedeckt 3–5 Minuten mitkochen, bis der Fisch gar ist und die Muscheln sich geöffnet haben. Geschlossene Muscheln wegwerfen. Limettensaft und Basilikum unterrühren, die Suppe in vorgewärmte Schalen geben und sofort servieren.

ERGIBT 14 STÜCK

FÜLLUNG

4 EL Ghee, Pflanzen- oder Erdnussöl
1 Zwiebel, sehr fein gehackt
2 Knoblauchzehen, zerdrückt
1 Kartoffel, sehr fein gewürfelt
2 Karotten, sehr fein gehackt
2 TL Currypulver (Schärfe nach Belieben)
1½ TL gemahlener Koriander
1 TL gemahlene Kurkuma
1 frische grüne Chili, entkernt und fein gehackt
1 TL Salz
½ TL schwarze Senfsamen
300 ml Wasser
100 g Erbsen, Tiefkühlware aufgetaut
60 g Blumenkohlröschen, möglichst klein zerteilt
Pflanzen- oder Erdnussöl, zum Ausbacken
frische Korianderblätter, zum Garnieren

TEIG

250 g Mehl
½ TL Salz
3 EL Ghee oder Butter, zerlassen, plus etwas mehr zum Einfetten
½ EL Zitronensaft
100–125 ml kaltes Wasser

ALOO MATTAR SAMOSA

Gemüse-Samosas

Für die Füllung das Ghee in einem Wok oder einer Pfanne bei mittlerer Hitze zerlassen. Zwiebel und Knoblauch zugeben und 5–8 Minuten weich dünsten. Kartoffel und Karotten unterheben. Currypulver, Koriander, Kurkuma, Chili, Salz und Senfsamen unterrühren. Das Wasser zugießen, zum Kochen bringen. Die Hitze reduzieren und 15 Minuten auf geringster Hitze köcheln, gelegentlich rühren. Erbsen und Blumenkohl zugeben und weiterköcheln, bis das Gemüse weich ist und die Flüssigkeit eingekocht ist. Vom Herd nehmen und beiseitestellen.

Inzwischen den Teig zubereiten: Mehl und Salz in eine Schüssel sieben, eine Mulde in die Mitte drücken, Ghee und Zitronensaft hineingeben und mit den Fingern einarbeiten. Nach und nach das Wasser zugeben, bis ein weicher Teig entsteht. Den Teig auf die Arbeitsfläche geben und 10 Minuten kneten, bis er glatt ist. Zu einer Kugel formen, mit einem feuchten Geschirrtuch abdecken und 15 Minuten ruhen lassen.

Den Teig in 7 gleiche Portionen teilen. Jeweils eine Portion ausrollen und den restlichen Teig mit einem Geschirrtuch abdecken. Jeweils die Portionen einzeln auf der leicht gefetteten Arbeitsfläche zu runden Fladen von 20 cm Ø ausrollen, dann in der Mitte durchschneiden.

Die Ränder der ersten Hälfte mit Wasser befeuchten. 2 Teelöffel Füllung knapp neben der Mitte auf den Teig geben. Eine Teigseite über die Füllung klappen, dann die andere überlappend darüberklappen, sodass eine Art spitze Tüte entsteht. Das offene Ende mit Wasser befeuchten und fest zudrücken. Mit einem feuchten Geschirrtuch abdecken, während Sie die übrigen Samosas zubereiten. In einem Wok oder Schmortopf 2,5 cm Öl auf 180 °C erhitzen. Die Samosas portionsweise in 2–3 Minuten goldbraun ausbacken, dabei einmal wenden. Auf Küchenpapier gut abtropfen lassen. Heiß, mit Koriander garniert und einem Chutney servieren.

ERGIBT 20 STÜCK

6 getrocknete chinesische Pilze, 20 Min. in warmem Wasser eingeweicht
50 g Glasnudeln, 20 Min. in warmem Wasser eingeweicht
2 EL Pflanzenöl oder Erdnussöl
1 EL fein gehackte frische Ingwerwurzel
100 g Karotten, in feine Stifte geschnitten
100 g Weißkohl, fein gehobelt
1 EL fein gehackte Frühlingszwiebeln
1 EL helle Sojasauce, plus etwas mehr zum Servieren
85 g weicher Tofu, in kleine Würfel geschnitten
½ TL Salz
1 Prise weißer Pfeffer
1 Prise Zucker
20 Frühlingsrollen-Teigblätter (s. S. 13)
1 Eiweiß, leicht verquirlt
Pflanzenöl oder Erdnussöl, zum Frittieren

30

SOU CHOI CHEUN GYUN

Vegetarische Frühlingsrollen

Die Pilze gründlich ausdrücken, die harten Stiele entfernen und die Kappen fein hacken. Die Nudeln abtropfen lassen und grob hacken.

Das Öl im vorgeheizten Wok oder in der Pfanne erhitzen und den Ingwer darin schwenken, bis er zu duften beginnt. Die Pilze etwa 2 Minuten unter Rühren anbraten. Karotten, Kohl und Frühlingszwiebeln zugeben und 1 Minute pfannenrühren. Nudeln und Sojasauce 1 Minute mitbraten. Den Tofu zufügen und 1 weitere Minute garen. Mit Salz, Pfeffer und Zucker abschmecken. Weiterrühren, bis die Karotte gar, aber noch bissfest ist. Den Wok vom Herd nehmen und abkühlen lassen.

Jeweils einen gestrichenen Esslöffel Gemüsemischung diagonal in die Mitte jedes Teigblatts geben. Die untere Ecke darüberschlagen. Die beiden Seiten einschlagen und fest aufrollen. Die obere Ecke mit Eiweiß bestreichen, einschlagen und andrücken. Die Rollen sollten eine Länge von etwa 10 cm haben.

Öl im Wok, in der Fritteuse oder einem großen Topf auf 180–190 °C erhitzen (ein Brotwürfel bräunt darin in 30 Sekunden). Die Frühlingsrollen portionsweise etwa 5 Minuten goldbraun und knusprig frittieren. Dazu Sojasauce als Dip reichen.

VARIATION

Kleinere Frühlingsrollen kann man auch mit Reispapier-Blättern herstellen. Dazu das Reispapier zuvor zum Aufweichen mit warmem Wasser bestreichen. Reispapier lässt sich sehr leicht verarbeiten.

FÜR 4–6 PERSONEN

400 g neue Kartoffeln, abgebürstet
Salz
1 TL Koriandersamen
1 TL Fenchelsamen
400 g Naturjoghurt
1 frische grüne Chili, entkernt und fein gehackt
Pfeffer
frisch gehackte Minze, zum Garnieren
4–8 Papadams, zum Aufbacken (aus dem indischen Lebensmittelladen), zum Servieren

ALOO KA RAITA

Raita-Kartoffeln

Die Kartoffeln 12–15 Minuten in kochendem Salzwasser garen. Abgießen, mit kaltem Wasser abspülen und gut abtropfen lassen. Die abgekühlten Kartoffeln in kleine Würfel schneiden (nach Belieben vorher pellen).

Inzwischen die Koriander- und Fenchelsamen in einer Pfanne ohne Fett bei starker Hitze unter ständigem Rühren anrösten, bis sie zu duften beginnen. Dann sofort aus der Pfanne nehmen, damit sie nicht anbrennen.

Die Samen in einer Gewürzmühle oder im Mörser zu feinem Pulver zermahlen.

Den Joghurt in einer Schüssel glatt rühren, gemahlene Gewürze und Chili unterrühren und das Ganze mit Salz und Pfeffer abschmecken. Die Kartoffelwürfel unterheben. Mit Frischhaltefolie abdecken und mindestens 30 Minuten kalt stellen. Die Kartoffel-Joghurt-Mischung vor dem Servieren einmal durchrühren, mit der Minze garnieren und mit den warmen Papadams reichen.

TIPP

Um Papadams aufzubacken, 1 cm Pflanzen- oder Erdnussöl in einem Kadhai, einem Wok oder einer großen Pfanne erhitzen. Die Papadams einzeln hineingeben und einige Sekunden ausbacken, bis sie aufgehen, sich goldbraun färben und Blasen werfen. Mit einer Küchenzange herausnehmen und auf Küchenpapier abtropfen lassen. Alternativ können Sie den Backofen auf höchster Stufe vorheizen, die Papadams mit etwas Pflanzen- oder Erdnussöl bestreichen und auf der obersten Schiene von beiden Seiten einige Sekunden backen.

FÜR 4 PERSONEN

Pflanzen- oder Erdnussöl, zum Frittieren

400 g Blumenkohlröschen

TEIG

140 g Kichererbsenmehl (Besanmehl)

2 TL gemahlener Koriander

1 TL Garam masala

1 TL Salz

½ TL gemahlene Kurkuma

1 Prise Chilipulver

1 EL zerlassenes Ghee, Pflanzen- oder Erdnussöl

1 TL Zitronensaft

150 ml kaltes Wasser

2 TL Schwarzkümmelsamen

Chutney, zum Servieren

GOBHI KA PAKORA
Blumenkohl-Pakoras

Für den Teig Kichererbsenmehl, Koriander, Garam masala, Salz, Kurkuma und Chilipulver in einer großen Schüssel verrühren. Eine kleine Mulde in die Mitte drücken, Ghee, Zitronensaft und 2 Esslöffel Wasser hineingeben und alles zu einem dicken Teig verrühren.

Mit einem elektrischen Handrührer oder einem Schneebesen nach und nach so viel von dem übrigen Wasser unterrühren, dass ein glatter Teig von der Konsistenz dickflüssiger Sahne entsteht. Die Schwarzkümmelsamen unterrühren. Die Schüssel abdecken und den Teig mindestens 30 Minuten ruhen lassen.

Das Öl zum Frittieren in einem Kadhai, einem Wok, einer Fritteuse oder einem großen Schmortopf auf 180 °C erhitzen (ein Brotwürfel bräunt darin in 30 Sekunden). Ein Blumenkohlröschen in den Teig tauchen, überschüssigen Teig in die Schüssel abtropfen lassen und das Röschen ins heiße Öl geben. Weitere Blumenkohlröschen in Teig tauchen und ins Öl geben (der Topf darf dabei nicht zu voll werden) und 3 Minuten frittieren, bis sie knusprig und goldbraun sind.

Die fertigen Pakoras mit einem Schaumlöffel aus dem Öl nehmen und auf Küchenpapier abtropfen lassen. Wenn alle Blumenkohlröschen fertig ausgebacken sind, die Pakoras heiß mit einem Chutney reichen.

ERGIBT 12 STÜCK

140 g Kichererbsenmehl (Besanmehl)
1 TL Salz
1 TL gemahlener Kreuzkümmel
1 TL gemahlene Kurkuma
1 TL Natron
½ TL Chilipulver
2 TL Zitronensaft
2 EL Pflanzen- oder Erdnussöl, plus etwas mehr zum Frittieren
2–8 EL Wasser
2 Zwiebeln, in feinen Ringen
2 TL Koriandersamen, grob zerstoßen
Zitronenspalten, zum Servieren

PYAAZ PAKORA
Zwiebel-Pakoras

Kichererbsenmehl, Salz, Kreuzkümmel, Kurkuma, Natron und Chilipulver in eine große Schüssel sieben. Zitronensaft und Öl zugeben, dann nach und nach gerade so viel Wasser einrühren, dass ein Teig von der Konsistenz flüssiger Sahne entsteht. Zwiebeln und Koriandersamen unterziehen.

Das Öl zum Ausbacken in einem Kadhai, einem Wok, einer Fritteuse oder einem Schmortopf auf 180 °C erhitzen (ein Brotwürfel bräunt darin innerhalb von 30 Sekunden). Die Zwiebelmischung löffelweise ins Öl geben, 2 Minuten frittieren, dann mit einer Küchenzange wenden und von der anderen Seite weitere 2 Minuten goldbraun frittieren.

Die Pakoras sofort aus dem Öl nehmen und auf Küchenpapier gut abtropfen lassen. Fertige Pakoras warm stellen, während die übrige Zwiebelmischung frittiert wird. Die Pakoras heiß mit Zitronenspalten reichen.

TIPP

Wie bei allen frittierten Gerichten hängt der feine Unterschied zwischen knusprig und fetttriefend davon ab, ob das Öl während des Ausbackens die optimale Temperatur behält.
Ist die Temperatur zu niedrig, werden die Pakoras zu fettig, ist sie zu hoch, verbrennt der Teigmantel, während die Zwiebeln roh bleiben. Deshalb sollte man die Pakoras portionsweise ausbacken und zwischendurch die Temperatur des Öls kontrollieren. Wenn Sie öfter frittieren, aber keine Fritteuse haben, lohnt sich die Anschaffung eines Küchen-Thermometers.

FÜR 4 PERSONEN
2 EL Pflanzen- oder Erdnussöl
1 EL Sesamöl
Saft von ½ Limette
2 Hähnchenbrustfilets, in kleine Würfel geschnitten

ZUM SERVIEREN
Gurkenscheiben
gekochter Reis

DIP
2 EL Pflanzen- oder Erdnussöl
1 kleine Zwiebel, fein gehackt
1 kleine frische grüne Chili, entkernt und gehackt
1 Knoblauchzehe, fein gehackt
125 g grobe Erdnussbutter
6–8 EL Wasser
Saft von ½ Limette

SATE GAI

Hühnchen-Satay

Die beiden Ölsorten in einer Schüssel mit dem Limettensaft verrühren. Hähnchenwürfel untermengen, mit Frischhaltefolie abdecken und 1 Stunde im Kühlschrank marinieren.

Für den Dip das Öl in einer Pfanne erhitzen. Zwiebel, Chili und Knoblauch darin bei schwacher Hitze unter gelegentlichem Rühren 5 Minuten dünsten. Erdnussbutter, Wasser und Limettensaft zugeben und unter ständigem Rühren köcheln, bis die Erdnussbutter weich genug für eine Sauce ist, bei Bedarf etwas Wasser zugeben, um sie dünnflüssiger zu machen.

Inzwischen die Hähnchenwürfel abtropfen lassen und auf 10 Holzspieße stecken.
Auf der obersten Backofenschiene oder auf einem Holzkohlegrill 10 Minuten unter häufigem Wenden knusprig braun grillen. Heiß, mit Gurkenscheiben und Reis servieren, dazu den warmen Dip reichen.

TIPP
Holzspieße 45 Minuten in kaltem Wasser einweichen, bevor das Fleisch daraufgesteckt wird, damit sie beim Grillen nicht anbrennen.

FÜR 3–4 PERSONEN
250 g Hähnchenflügel
225 ml Wasser
1 EL in Ringe geschnittene Frühlingszwiebeln
2,5-cm-Stück frische Ingwerwurzel, in 4 Scheiben geschnitten
2 EL helle Sojasauce
½ TL dunkle Sojasauce
1 Sternanis
1 TL Zucker

SI YAU GAI YIK

Hähnchen mit Sojasauce

Die Hähnchenflügel abspülen und trockentupfen. Das Wasser in einem kleinen Topf zum Kochen bringen. Hähnchenflügel, Frühlingszwiebeln und Ingwer zugeben und erneut zum Kochen bringen.

Die restlichen Zutaten zufügen und alles abgedeckt 30 Minuten köcheln lassen.

Die Hähnchenflügel aus dem Sud heben, abtropfen lassen und heiß servieren.

FÜR 4 PERSONEN

2 EL Pflanzen- oder Erdnussöl
2 rote Zwiebeln, in feinen Ringen
2 Knoblauchzehen, gehackt
2,5-cm-Stück frische Ingwerwurzel, in feine Stifte geschnitten
250 g Rinderfiletsteak, in Streifen geschnitten
1 grüne Paprika, in Streifen geschnitten
150 g Bambussprossen
120 g Bohnensprossen
2 EL Thai Magic Paste (s. S. 13)
1 EL rote Thai-Currypaste (s. S. 12)
1 Hand voll frischer Koriander, gehackt
einige Zweige Thai-Basilikum
gekochter Reis, zum Servieren

NÜA PAD PAG

Gebratenes Rindfleisch mit Gemüse

Das Öl in einem Wok oder einer großen Pfanne erhitzen und Zwiebeln, Knoblauch und Ingwer darin 1 Minute unter Rühren anbraten. Die Rindfleischstreifen zugeben und bei starker Hitze unter Wenden rundum anbräunen. Das Gemüse und die beiden Pasten zugeben, alles unter Rühren 2–3 Minuten garen und gründlich vermengen.

Koriander und Basilikum untermengen und sofort mit dem gekochten Reis servieren.

ERGIBT 20 STÜCK

120 g fester Tofu
3 EL Pflanzenöl oder Erdnussöl
1 TL fein gehackter Knoblauch
50 g mageres Schweinefleisch, grob gehackt
120 g rohe Garnelen, ausgelöst
½ kleine Karotte, in feine Stifte geschnitten
60 g Bambussprossen, frisch oder aus der Dose, abgespült und grob gehackt (frische Sprossen zuvor 30 Min. in Wasser kochen)
120 g Weißkohl, sehr fein gehobelt
60 g Zuckererbsen, in feine Streifen geschnitten
1 Omelett, in feine Streifen geschnitten
1 TL Salz
1 TL helle Sojasauce
1 TL Shaoxing-Reiswein
1 Prise weißer Pfeffer
20 chinesische Pfannkuchen (s. S. 13)
asiatische scharfe Chilisauce, zum Servieren

CHUNG SIK YUT NAAM CHEUN GYUN

Schweinefleisch-Garnelen-Täschchen

Den Tofu in dünne Scheiben schneiden und in 1 Esslöffel Öl goldbraun braten. In dünne Stifte schneiden und beiseitestellen.

Das restliche Öl im vorgeheizten Wok oder in einer tiefen Pfanne erhitzen und den Knoblauch darin schwenken, bis er zu duften beginnt. Das Hackfleisch etwa 1 Minute anbraten. Garnelen zugeben und 1 weitere Minute unter Rühren braten. Nacheinander Karotte, Bambussprossen, Kohl, Zuckererbsen, Tofu und Omelettstreifen gründlich unterrühren. Mit Salz, Sojasauce, Reiswein und Pfeffer abschmecken und 1 weitere Minute unter Rühren braten. Anschließend in eine Servierschüssel füllen.

Die Pfannkuchen mit etwas Chilisauce bestreichen und auf jeden 1 gehäuften Teelöffel Füllung geben. Den unteren Teigrand einmal um die Füllung schlagen, dann die beiden Seiten einschlagen und fest aufrollen.

TIPP

Tofu lässt sich gut gekühlt leichter schneiden.

FÜR 4–6 PERSONEN
2 Tomaten
¼ TL gemahlener Koriander
¼ TL gemahlener Kreuzkümmel
¼ TL Garam masala
1 Zwiebel, sehr fein gehackt
200 g Salatgurke, entkernt und fein gewürfelt
250 g gekochte, ausgelöste große Garnelen
3 EL frisch gehackter Koriander
Salz

ZUM SERVIEREN
6–8 Puris (s. S. 190)
Zitronenspalten

MASALA JHINGA AUR KAKDI
Würzige Garnelen mit Gurke

Einen Topf mit Wasser zum Kochen bringen. Die Tomaten oben kreuzweise einschneiden und für 1 Minute ins kochende Wasser geben. Die Tomaten aus dem Topf nehmen und sofort in eiskaltes Wasser tauchen. Dann die Tomaten häuten, halbieren, entkernen und das Fleisch sehr fein würfeln.

Koriander, Kreuzkümmel und Garam masala in einer Pfanne ohne Fett bei mittlerer Hitze 15 Sekunden unter Rühren anrösten. Die Zwiebel zugeben und unter ständigem Rühren 2 Minuten mitbraten, bis die Mischung sehr trocken ist.

Tomaten und Gurke in die Pfanne geben und 2 Minuten mitrühren. Die Garnelen zugeben und unter Rühren 2 Minuten erhitzen. Den Koriander unterrühren und alles mit Salz abschmecken.

Heiß oder warm servieren; dazu die Puri-Fladen und die Zitronenspalten zum Beträufeln reichen.

VARIATION
Wenn man die Gurke durch fein gewürfelte Mango ersetzt, erhält man eine besonders bunte, erfrischende Version des Gerichts, die gekühlt serviert wird.

FÜR 4 PERSONEN

175 g Weißfischchen

SAUCE

1 EL Pflanzenöl oder Erdnussöl

1 große frische grüne Chili

2 Tropfen Sesamöl

1 EL helle Sojasauce

1 Prise Salz

1 Prise Zucker

1 Knoblauchzehe, fein gehackt

LAAT MEI BAAT FAAN YU

Weißfischchen mit grüner Chili

Die Fische in einem großen Topf mit kochendem Wasser höchstens 2 Minuten garen – sie sollen weich sein, aber nicht zerfallen. Abgießen und abkühlen lassen.

Für die Sauce das Öl in einem kleinen Topf erhitzen, bis es raucht. Die Chili darin braten, bis die Haut Blasen wirft. Die Haut abziehen und das Chilifleisch fein hacken. Wenn es abgekühlt ist, mit den anderen Zutaten verrühren.

Die Sauce über die Weißfischchen gießen und den Snack sofort servieren.

TIPP

Die Fischchen neigen dazu, aneinander zu haften und nach dem Kochen zu zerfallen. Behandeln Sie sie daher vorsichtig.

FÜR 4 PERSONEN

450 g Weißfischfilet, enthäutet und in Würfeln
1 Eiweiß
2 Kaffir-Limettenblätter, grob gezupft
1 EL grüne Thai-Currypaste (s. S. 12)
60 g grüne Bohnen, fein gehackt
1 frische rote Chili, entkernt und fein gehackt
1 Bund frischer Koriander, gehackt
Pflanzen- oder Erdnussöl, zum Ausbacken
1 frische grüne Chili, entkernt und in Ringe geschnitten, zum Servieren

DIP

100 g Zucker
1½ EL Wasser
3 EL Weißwein- oder Reisessig
1 kleine Karotte, in feinen Stiften
5-cm-Stück Gurke, geschält, entkernt und in feinen Stiften

TORD MAN BPLAH

Thailändische Fischküchlein

Fisch mit Eiweiß, Limettenblättern und Currypaste in der Küchenmaschine zu einer glatten Mischung verarbeiten. Diese in eine Schüssel geben und Bohnen, roten Chili und Koriander unterrühren.

Aus der Mischung mit angefeuchteten Händen abgeflachte Küchlein (5 cm Ø) formen.
In einer Lage auf einen großen Teller legen und mit Frischhaltefolie abgedeckt 30 Minuten in den Kühlschrank stellen.

In der Zwischenzeit für den Dip den Zucker mit 1½ Esslöffeln Wasser und dem Essig in einen Topf geben und unter Rühren vorsichtig erhitzen, bis der Zucker ganz aufgelöst ist. Karotte und Gurke untermengen, vom Herd nehmen und abkühlen lassen.

Das Öl in einer Pfanne erhitzen und die Fischküchlein darin portionsweise von beiden Seiten goldbraun ausbacken. Auf Küchenpapier abtropfen lassen und warm stellen, bis alle Küchlein gegart sind. Den Dip, falls gewünscht, noch einmal erwärmen. Fischküchlein mit Chiliringen garnieren und noch heiß mit dem Dip servieren.

ERGIBT 20 STÜCK

350 g weißes Krebsfleisch aus der Dose, abgetropft

1 frische rote Chili, entkernt und gehackt

4 Frühlingszwiebeln, in feinen Ringen

1 EL rote Thai-Currypaste (s. S. 12)

Saft von ½ Limette

½ TL Salz

20 Wantan-Hüllen

Pflanzenöl oder Erdnussöl zum Braten

DIP

4½ EL Zucker

2 EL Wasser

2 EL Reisessig

3 Ingwerpflaumen, in Scheiben geschnitten

1 EL Ingwersirup aus dem Glas

BPÄNG GIAU HOR BPUH

Gebratene Krebsfleisch-Röllchen

Das Krebsfleisch mit Chili, Frühlingszwiebeln und Currypaste in eine Schüssel geben. Limettensaft und Salz zugeben und alles gut vermengen.

Die Teighüllen aufeinanderschichten und 1 Portion Krebsfleisch in die Mitte der obersten Teigplatte geben. Die Ränder mit etwas Wasser bepinseln und die Hülle zu einem kleinen zylinderförmigen Päckchen aufrollen. Mit den übrigen Hüllen ebenso verfahren.

Das Öl in einem Wok oder einer großen Pfanne erhitzen und die Röllchen darin portionsweise rundum goldbraun anbraten. Auf Küchenpapier abtropfen lassen.

Für den Dip alle Zutaten in einen kleinen Topf geben und auf kleiner Stufe unter Rühren erhitzen, bis der Zucker ganz aufgelöst ist. Warm zu den Röllchen servieren.

Fleisch und Geflügel

FÜR 4–6 PERSONEN

400 g Tomaten aus der Dose, gehackt
300 g Crème double
1 fertig gebackenes Tandoori-Huhn, in 8 Teile zerlegt
frische Korianderzweige, zum Garnieren

TIKKA-MASALA

2 EL Ghee, Pflanzen- oder Erdnussöl
1 große Knoblauchzehe, fein gehackt
1 frische rote Chili, entkernt und gehackt
2 TL gemahlener Kreuzkümmel
2 TL Paprikapulver
½ TL Salz
schwarzer Pfeffer

MURGH TIKKA MAKHANI
Hähnchen-Tikka-Masala

Für das Tikka-Masala das Ghee in einer großen Pfanne mit Deckel auf mittlerer Stufe erhitzen. Knoblauch und Chili darin 1 Minute unter Rühren anbraten. Kreuzkümmel, Paprikapulver, nach Belieben Salz und Pfeffer zugeben und 30 Sekunden mitrühren.

Tomaten mit Saft und Crème double einrühren. Die Sauce bei schwacher Hitze unter gelegentlichem Rühren 10 Minuten dickflüssig einköcheln.

Inzwischen die Tandoori-Hühnerteile entbeinen und das Fleisch in mundgerechte Stücke schneiden. Die Sauce nochmals abschmecken. Das Hühnerfleisch in die Pfanne geben und abgedeckt etwa 3–5 Minuten erhitzen. Vor dem Servieren mit Koriander garnieren.

Tipp

Für ein Tandoori-Huhn brauchen Sie eine Poularde, ohne Haut, eine halbe Zitrone und Tandoori-Masala-Paste. Schneiden Sie das Huhn mit einem scharfen Messer ringsherum ein und reiben Sie Zitrone und Salz in die Schnitte. Das Huhn nun mit der Tandoori-Paste bestreichen, abdecken und für mindestens 4, besser aber bis zu 24 Stunden kalt stellen. Heizen Sie dann den Backofen auf 200 °C vor und legen Sie das Huhn mit der Brust nach oben auf einen Rost mit untergeschobener Fettpfanne. Beträufeln Sie das Huhn mit Ghee und backen Sie es für 45 Minuten. Dann das Fett aus der Fettpfanne abgießen, den Ofen auf die höchste Temperaturstufe stellen und das Huhn noch weitere 15 Minuten knusprig braun backen.

FÜR 4 PERSONEN

350 g Hähnchenbrustfilet
einige Tropfen Sesamöl
2 EL Sesampaste (Tahini)
1 EL helle Sojasauce
1 EL Hühnerbrühe
½ TL Salz
1 Prise Zucker

ZUM SERVIEREN

8 EL in feine Streifen geschnittener grüner Salat
1 EL geröstete Sesamsaat

PANG PANG GAI

Hühnchen Bang Bang

Das Hähnchenfleisch in einen Topf mit kaltem Wasser geben und zum Kochen bringen. 8–10 Minuten köcheln lassen. Abtropfen und etwas abkühlen lassen. In mundgerechte Stücke schneiden oder zerpflücken.

Sesamöl, Sesampaste, Sojasauce, Brühe, Salz und Zucker in einer Schüssel zu einer glatten, dicken Sauce verrühren. Das Hähnchenfleisch gründlich darin wenden.

Die Salatstreifen auf einem großen Servierteller anrichten. Das Fleisch mit der Sauce darauf verteilen und mit der Sesamsaat bestreuen. Zimmerwarm servieren.

FÜR 4–6 PERSONEN

4 EL Ghee, Pflanzen- oder Erdnussöl
8 Hähnchenschenkel, gehäutet und entbeint, in Streifen
1 große Zwiebel, gehackt
2 EL Knoblauch-Ingwer-Paste (s. S. 12)
2 grüne Paprika, gewürfelt
1 große, frische grüne Chili, entkernt und fein gehackt
1 TL gemahlener Kreuzkümmel
1 TL gemahlener Koriander
¼–½ TL Chilipulver
½ TL gemahlene Kurkuma
¼ TL Salz
400 g Tomaten aus der Dose, gehackt
125 ml Wasser
frisch gehackter Koriander, zum Garnieren

MURGH JALFREZI
Scharfes Hühnerfleisch mit grüner Paprika

Die Hälfte des Ghee in einem Kadhai, einem Wok oder einer großen Pfanne bei mittlerer Hitze zerlassen. Das Hähnchenfleisch zugeben und unter Rühren 5 Minuten rundum anbräunen, dann mit einem Schaumlöffel aus der Pfanne nehmen und beiseitestellen.

Das übrige Ghee in der Pfanne zerlassen. Die Zwiebel darin unter häufigem Rühren 5–8 Minuten anbraten, bis sie gebräunt ist. Die Knoblauch-Ingwer-Paste zugeben und 2 Minuten mitbraten.

Die Paprika in die Pfanne geben und unter Rühren 2 Minuten mitbraten.

Chili, Kreuzkümmel, Koriander, Chilipulver, Kurkuma und Salz unterrühren. Die Tomaten mit Saft und Wasser zugeben und zum Kochen bringen.

Die Hitze reduzieren, das Hähnchenfleisch zugeben und das Gericht auf niedriger Stufe ohne Deckel 10 Minuten unter häufigem Rühren köcheln, bis die Paprika weich und das Hähnchenfleisch so gar ist, dass beim Anstechen mit einem Messer der Bratensaft austritt.
Mit Koriander garnieren.

TIPP
Eine sättigende Komplettmahlzeit, zu der Sie keinen Reis zu reichen brauchen, erhalten Sie, wenn Sie mit den Tomaten und dem Wasser 400 g in Würfel geschnittene neue Kartoffeln zugeben. Alles einmal aufkochen, dann bei reduzierter Hitze 5 Minuten köcheln, bevor das Hähnchenfleisch untergemengt wird.

FÜR 4 PERSONEN

3 Hähnchenbrustfilets, in Würfel geschnitten
Saft von 1 Limette
2,5-cm-Stück frische Ingwerwurzel, geschält und gehackt
1 frische rote Chili, entkernt und in Ringen
2 EL Pflanzen- oder Erdnussöl
1 Zwiebel, in Ringen
2 Knoblauchzehen, gehackt
1 Aubergine, in Würfeln
2 Zucchini, in Scheiben geschnitten
1 rote Paprika, in Würfeln
2 EL rote Thai-Currypaste (s. S. 12)
2 EL thailändische Sojasauce
1 TL Palmzucker oder brauner Zucker
frische Korianderzweige, zum Garnieren
gekochter Reis mit gehacktem Koriander, zum Servieren

NÜA GAI SIAB MAI BPING

Hühnchenspieße auf Currygemüse

Die Hühnerfleischwürfel in eine flache Form geben. Limettensaft, Ingwer und Chillies vermengen, über das Fleisch geben und gut unterheben. Abdecken und mindestens 3 Stunden im Kühlschrank marinieren.

Die Hühnerfleischwürfel auf in Wasser eingeweichte Holzspieße stecken und auf der obersten Backofenschiene bei starker Hitze in 3–4 Minuten unter Wenden gar grillen.

Inzwischen das Öl in einem Wok oder einer großen Pfanne erhitzen. Zwiebel und Knoblauch darin 1–2 Minuten weich dünsten, aber nicht bräunen. Aubergine, Zucchini und Paprika zugeben und 3–4 Minuten bissfest garen. Currypaste, Sojasauce und Zucker untermengen und noch 1 Minute miterhitzen.

Mit frischen Korianderzweigen garnieren und heiß servieren. Dazu den gekochten Reis mit untergerührtem Koriander reichen.

FÜR 4 PERSONEN
220 g Jasminreis
3 Hähnchenbrustfilets, in Würfel geschnitten
400 ml Kokosmilch
3–4 EL Kokoscreme, in Würfeln
2–3 Korianderwurzeln, gehackt
Schale von 1 Limette, in feinen Streifen
1 frische grüne Chili, entkernt und gehackt
3 frische Thai-Basilikumblätter
1 EL Fischsauce
1 EL Öl
3 Eier, verquirlt

ZUM GARNIEREN
frischer Schnittlauch
frische Korianderzweige

KHAU PAD GAI SAI KHAI

Gebratener Reis mit Huhn und Ei

Den Reis 12–15 Minuten in köchelndem Wasser garen, gut abtropfen und abkühlen lassen und über Nacht in den Kühlschrank stellen.

Die Hühnchenwürfel in einen Topf geben und mit der Kokosmilch bedecken. Kokoscreme, Korianderwurzeln, Limettenschale und Chili zugeben und alles vorsichtig aufkochen. 8–10 Minuten köcheln, bis das Fleisch gar ist. Vom Herd nehmen. Basilikum und Fischsauce unterheben.

Inzwischen das Öl in einem Wok erhitzen und den Reis darin 2–3 Minuten unter Rühren anbraten. Die Eier zugießen und unter Rühren stocken lassen, bis sie gut mit dem Reis vermengt sind. 4 kleine Becher- oder Puddingformen mit Frischhaltefolie auskleiden, den Reis hineinfüllen und gut andrücken. Die Formen vorsichtig auf Servierteller stürzen und die Folie vom Reis abziehen. Reis mit Schnittlauch und Korianderzweigen garnieren und mit dem Hühnchenfleisch servieren.

FÜR 6–10 PERSONEN

1 küchenfertige Ente, etwa 2 kg
1,5 l kochendes Wasser
1 EL Honig
1 EL Shaoxing-Reiswein
1 TL weißer Reisessig
1 Gurke, geschält, entkernt und in feinen Stiften
10 Frühlingszwiebeln, in Streifen (nur die weißen Teile)
30 chinesische Pfannkuchen (s. S. 13)
Pflaumen- oder Hoisin-Sauce

BAK GING TIN NGAAP

Peking-Ente

Die Ente außen und innen abspülen. Die Haut durch Massieren vom Fleisch lösen. Die Haut aber nicht entfernen.

Das kochende Wasser in einen großen Topf gießen. Honig, Reiswein und Essig zugeben und die Ente vorsichtig hineingleiten lassen. Etwa 1 Minute mit dem Wasser übergießen, dann herausnehmen und zum Trocknen einige Stunden oder über Nacht aufhängen.

Den Backofen auf 200 °C vorheizen. Die Ente auf einen Rost direkt über eine Fettpfanne legen und mindestens 1 Stunde braten, bis das Fleisch gar und die Haut sehr knusprig ist.

Die Ente zusammen mit Gurke, Frühlingszwiebeln und Pfannkuchen servieren. Die Haut ablösen und stückchenweise mit Gurke und Frühlingszwiebeln auf die Pfannkuchen geben. Mit etwas Pflaumen- oder Hoisin-Sauce beträufeln und aufrollen. Danach ebensolche Röllchen mit dem Fleisch zubereiten.

TIPP

Zum Lösen der Haut mit einer Luftpumpe an der Halsöffnung Luft zwischen Haut und Fleisch pumpen.

FÜR 4 PERSONEN

1 EL Pflanzen- oder Erdnussöl
2 Entenbrustfilets, mit Haut
1 Zwiebel, in Ringen
2 Knoblauchzehen, gehackt
1 rote Paprika, in Streifen
1 grüne Paprika, in Streifen
1 gelbe Paprika, in Streifen
4 Tomaten, enthäutet, entkernt und gehackt
150 ml Brühe
3 EL thailändische Sojasauce
gekochte Nudeln, zum Servieren

BPED PAD PRIG

Ente mit buntem Paprikagemüse

Das Öl in einem Wok erhitzen und die Entenbrüste darin bei starker Hitze knusprig braun anbraten. Wenden und weiterbraten, bis das Fleisch gar ist. Herausnehmen und warm stellen.

Überschüssiges Fett aus dem Wok abgießen. Zwiebel und Knoblauch 2–3 Minuten unter Rühren hellbraun anbraten.

Die Paprika zugeben und unter Rühren kurz garen. Tomaten, Brühe und Sojasauce zugeben und alles 1–2 Minuten köcheln. Auf eine Servierplatte legen. Die Entenbrust in dicke Scheiben schneiden und auf dem Gemüse anrichten. Mit den Nudeln servieren.

FÜR 4 PERSONEN

MARINADE

1 TL helle Sojasauce

1 Spritzer Sesamöl

½ TL Shaoxing-Reiswein

1 Prise weißer Pfeffer

300 g Rinderfiletsteak, in feine Streifen geschnitten

220 g getrocknete Eiernudeln

2 EL Pflanzen- oder Erdnussöl

1 Zwiebel, in feine Ringe geschnitten

1 grüne Paprika, in feine Streifen geschnitten

150 g Bohnensprossen, geputzt

1 TL Salz

1 Prise Zucker

2 TL Shaoxing-Reiswein

2 EL helle Sojasauce

1 EL dunkle Sojasauce

1 EL fein gehackte Frühlingszwiebeln

NGAU YUK CHAAU MIN

Chow Mein mit Rindfleisch

Für die Marinade alle Zutaten in einer Schüssel verrühren und das Fleisch darin mindestens 20 Minuten marinieren.

Die Nudeln nach Packungsanleitung kochen. Unter kaltem Wasser abschrecken und beiseitestellen.

Das Öl im vorgeheizten Wok oder in einer tiefen Pfanne erhitzen und das Rindfleisch darin etwa 1 Minute unter Rühren braten, bis sich seine Farbe ändert. Die Zwiebel zugeben und 1 Minute pfannenrühren, dann Paprika und Bohnensprossen zufügen. Die Gemüseflüssigkeit soll vollständig verdampfen. Salz, Zucker, Reiswein und beide Sojasaucen zufügen und alles 1 Minute pfannenrühren. Die Nudeln unterheben und 1 Minute erhitzen. Zuletzt die Frühlingszwiebeln unterrühren. Sofort servieren.

VARIATION

Man kann das Gericht auch mit Knuspernudeln servieren. Dazu die eingeweichten Nudeln kurz im heißen Fett im Wok frittieren.

FÜR 4–6 PERSONEN

1–2 getrocknete rote Chillies, gehackt (nach Belieben entkernt)
2 TL gemahlener Koriander
2 TL gemahlene Kurkuma
1 TL schwarze Senfsamen
½ TL gemahlener Ingwer
¼ TL gemahlener Pfeffer
150 g Kokoscreme, geraspelt und in 300 ml kochend heißem Wasser aufgelöst
4 EL Ghee, Pflanzen- oder Erdnussöl
2 Zwiebeln, gehackt
3 große Knoblauchzehen, gehackt
700 g mageres Rindergulasch
250 ml Rinderbrühe, plus etwas mehr bei Bedarf
Zitronensaft
Salz
frische Korianderzweige, zum Garnieren

MADRASI GOSHT

Rindfleisch nach Madras-Art

Chillies, Koriander, Kurkuma, Senfsamen, gemahlenen Ingwer und Pfeffer in eine kleine Schüssel geben und mit einer kleinen Menge der Kokosmischung zu einer dünnflüssigen Paste verrühren.

Das Ghee in einer großen Pfanne oder einem Bräter mit dicht schließendem Deckel bei mittlerer Hitze zerlassen. Zwiebeln und Knoblauch zugeben und unter Rühren 5–8 Minuten anbraten, bis die Zwiebeln gebräunt sind. Die Gewürzpaste zugeben und 2 Minuten mitrühren, bis sie ihren Duft entfaltet.

Fleisch und Brühe zugeben und zum Kochen bringen. Die Hitze auf niedrigste Stufe reduzieren, die Pfanne abdecken und das Rindfleisch mindestens 90 Minuten köcheln, bis es gut durchgegart ist. Gelegentlich kontrollieren, ob das Fleisch nicht am Pfannenboden ansetzt, bei Bedarf Wasser oder Brühe zufügen.

Den Deckel abnehmen und die restliche Kokosmischung, den Zitronensaft und nach Belieben Salz unterrühren. Das Gericht unter Rühren kurz aufkochen, dann bei reduzierter Hitze ohne Deckel eine Weile einköcheln lassen, bis die Sauce etwas dickflüssiger wird.

TIPP

Das Gericht bekommt einen anderen Charakter, ist aber ebenso schmackhaft, wenn Sie die Chillies ganz weglassen und das Rindfleisch vor dem Servieren mit gerösteten Kokosflocken bestreuen.

FÜR 4 PERSONEN

MARINADE

1 EL Shaoxing-Reiswein
1 Prise weißer Pfeffer
1 Prise Salz
1 EL helle Sojasauce
½ TL Sesamöl

500 g Rumpsteak, in feine Streifen geschnitten
1 Brokkoli, in kleine Röschen zerteilt
2 EL Pflanzen- oder Erdnussöl
1 Zwiebel, in feine Ringe geschnitten
2 Selleriestangen, diagonal in feine Scheiben geschnitten
220 g Zuckererbsen, halbiert
60 g Bambussprossen, frisch oder aus der Dose, abgespült und in Stifte geschnitten (frische Sprossen zuvor 30 Min. kochen)
8 Wasserkastanien, in feinen Scheiben
225 g Champignons, in feinen Scheiben
1 EL Austernsauce
1 TL Salz
gekochter Reis, zum Servieren

JAAP SEUI NGAU YUK

Chop Suey mit Rindfleisch

Für die Marinade alle Zutaten in einer Schüssel verrühren und das Fleisch darin mindestens 20 Minuten marinieren. Den Brokkoli in einem großen Topf mit kochendem Wasser 30 Sekunden blanchieren. Abtropfen lassen und beiseitestellen.

Im vorgeheizten Wok oder in einer tiefen Pfanne 1 Esslöffel Öl erhitzen und die Fleischstreifen darin unter Rühren anbraten, bis sie die Farbe ändern. Herausnehmen und beiseitestellen.

Das restliche Öl im sauberen vorgeheizten Wok oder in der Pfanne erhitzen und die Zwiebel 1 Minute darin schwenken. Sellerie und Brokkoli zugeben und 2 Minuten pfannenrühren. Zuckererbsen, Bambussprossen, Wasserkastanien und Pilze zufügen und 1 Minute unter Rühren braten. Die Rindfleischstreifen wieder in den Wok geben. Mit Austernsauce und Salz abschmecken. Sofort servieren.

TIPP

In Restaurants wird die Sauce meist mit Speisestärke gebunden. Bei dieser knackig frischen Version verdampft das Wasser des Gemüses im Wok.

FÜR 4 PERSONEN

1 EL Pflanzen- oder Erdnussöl
1 große getrocknete Chili, entkernt und in 3 Stücke geschnitten
½ TL Szechuan-Pfefferkörner
100 g Rinderhack
2 TL helle Sojasauce
300 g Reis-Fadennudeln
1 EL gehackte geröstete Erdnüsse

SAUCE

1 EL eingelegtes Gemüse (in asiatischen Lebensmittelläden erhältlich)
½ TL Szechuan-Pfefferkörner, leicht geröstet, zerdrückt
100 ml Hühnerbrühe
1 TL schwarzer chinesischer Essig
1 TL Chiliöl
1 TL dunkle Sojasauce
1 EL helle Sojasauce
1 EL Sesampaste (Tahini)
einige Tropfen Sesamöl
2 Frühlingszwiebeln, fein gehackt

DAAM DAAM MIN

Dan dan mian

Das Öl im vorgeheizten Wok oder in einer tiefen Pfanne erhitzen. Chili und Pfeffer darin schwenken. Das Hackfleisch zugeben und unter schnellem Rühren anbraten. Wenn sich seine Farbe ändert, die helle Sojasauce zufügen und das Fleisch weitergaren, bis es gut gebräunt ist.

Die Zutaten für die Sauce verrühren und die Sauce auf 4 Schalen verteilen.

Die Nudeln nach Packungsanleitung kochen. Abgießen, abtropfen lassen und ebenfalls auf die Schalen verteilen.

Die Fleischmischung darübergeben. Mit den Erdnüssen bestreuen und sofort servieren.

TIPP

Dieses Gericht ist relativ trocken. Wenn Sie mehr Sauce wünschen, nehmen Sie einfach etwas mehr Brühe.

FÜR 4 PERSONEN

500 g Tofu
2 EL Pflanzen- oder Erdnussöl
1 TL Szechuan-Pfefferkörner
100 g Rinderhack
2 EL Chili-Bohnen-Sauce
1 TL eingelegte schwarze Bohnen, abgespült und leicht zerdrückt
100 ml heiße Hühnerbrühe
1 Prise Zucker
1 TL helle Sojasauce
1 Prise Salz
2 EL diagonal in feine Ringe geschnittene Frühlingszwiebeln
gekochter Reis, zum Servieren

MA PO DAU FU

Tofu mit Hackfleisch

Den Tofu in 2 cm große Würfel schneiden und in einen großen Topf geben. Mit kochendem Wasser bedecken und ruhen lassen.

Das Öl im vorgeheizten Wok erhitzen, bis es zu rauchen beginnt. Die Pfefferkörner darin schwenken, bis sie duften. Das Hackfleisch untermengen und pfannenrühren, bis es gut gebräunt und kross ist.

Die Hitze reduzieren. Chili-Bohnen-Sauce und schwarze Bohnen zufügen und etwa 30 Sekunden pfannenrühren, bis sich das Öl rot gefärbt hat.

Hühnerbrühe und die abgetropften Tofuwürfel unterrühren. Mit Zucker, Sojasauce und Salz würzen. Etwa 5 Minuten köcheln lassen.

Die Frühlingszwiebeln unterrühren. Das Gericht in Servierschalen füllen und sofort servieren. Dazu gekochten Reis reichen.

FÜR 4 PERSONEN

MARINADE

2 TL helle Sojasauce
½ TL Salz
1 Prise weißer Pfeffer

500 g Spareribs, in mundgerechte Stücke zerteilt (bitten Sie Ihren Metzger, das zu übernehmen)
Pflanzen- oder Erdnussöl, zum Frittieren

SAUCE

3 EL weißer Reisessig
2 EL Zucker
1 EL helle Sojasauce
1 EL Tomatenketchup
1½ EL Pflanzen- oder Erdnussöl
1 grüne Paprika, grob gehackt
1 kleine Zwiebel, grob gehackt
1 kleine Karotte, in feinen Scheiben
½ TL fein gehackter Knoblauch
½ TL fein gehackte frische Ingwerwurzel
100 g Ananasstückchen

TONG CHOU PAAI GWAT

Spareribs in süß-saurer Sauce

Für die Marinade alle Zutaten in einer Schüssel verrühren, das Fleisch darin wenden und mindestens 20 Minuten marinieren.

Öl im Wok, in der Fritteuse oder einem schweren Topf auf 180–190 °C erhitzen (ein Brotwürfel bräunt darin in 30 Sekunden). Die Spareribs 8 Minuten frittieren, dann abtropfen lassen und beiseitestellen.

Für die Sauce zunächst Essig, Zucker, Sojasauce und Ketchup verrühren und beiseitestellen.

Im vorgeheizten Wok oder in einer tiefen Pfanne 1 Esslöffel Öl erhitzen. Paprika, Zwiebel und Karotte 2 Minuten unter Rühren anbraten. Herausnehmen und beiseitestellen.

Das restliche Öl im sauberen vorgeheizten Wok oder in der Pfanne erhitzen. Knoblauch und Ingwer darin schwenken, bis sie zu duften beginnen. Die Sauce unterrühren und zum Kochen bringen. Die Ananasstückchen unterheben. Spareribs und Gemüse wieder in den Wok geben und rühren, bis alle Zutaten heiß sind. Sofort servieren.

TIPP

Man kann für dieses Gericht abgetropfte Ananasstückchen aus der Dose verwenden. Frische Ananas hat allerdings ein köstlicheres, wenn auch nicht so süßes Aroma.

FÜR 4 PERSONEN

8 EL Pflanzen- oder Erdnussöl
120 g Reis-Fadennudeln
4 Scheiben Schweinebauch, in Streifen geschnitten
1 rote Zwiebel, in Ringe geschnitten
2 Knoblauchzehen, gehackt
2,5-cm-Stück frische Ingwerwurzel, in dünnen Scheiben
1 frische große rote Chili, entkernt und gehackt
120 g Baby-Maiskolben, längs halbiert
1 rote Paprika, in Streifen geschnitten
175 g Brokkoliröschen
150 g schwarze Bohnensauce aus dem Glas
120 g Bohnensprossen

MIE GRORB SAI MUH GAB PAG
Schweinefleisch mit Gemüse und Nudeln

Das Öl in einem Wok erhitzen und die Reisnudeln darin portionsweise je 15–20 Sekunden frittieren, bis sie knusprig aufgehen. Mit einem Schaumlöffel herausnehmen, auf Küchenpapier abtropfen lassen und beiseitestellen.

Das Öl bis auf 2 Esslöffel aus dem Wok abgießen. Schweinefleisch, Zwiebel, Knoblauch, Ingwer und Chili im übrigen Öl unter Rühren 4–5 Minuten anbraten, bis das Fleisch rundum gebräunt ist.

Mais, Paprika und Brokkoli zugeben und unter Rühren 3–4 Minuten mitbraten, bis alles gerade weich ist. Die schwarze Bohnensauce und die Bohnensprossen unterrühren und 2–3 Minuten miterhitzen. Mit den Knuspernudeln bestreuen und sofort servieren.

FÜR 4 PERSONEN

350 g Schweinehack

2 EL fein gehackter frischer Koriander

1 Knoblauchzehe, zerdrückt

1 frische grüne Chili, entkernt und gehackt

3 EL Reismehl oder Speisestärke

1 Eiweiß

½ TL Salz

16 Wantan-Hüllen

1 EL Wasser

Pflanzen- oder Erdnussöl, zum Ausbacken

Chilisauce, zum Servieren

BPÄNG GIAU HOR MUH SAB TORD GRORB

Frittierte Teigtaschen mit Schweinefleisch

Das Schweinehack in eine Schüssel geben. Koriander, Knoblauch, Chili, 1 Esslöffel Reismehl, Eiweiß und Salz zugeben und alles zu einer glatten Masse vermengen. Aus der Fleischmasse mit angefeuchteten Händen 16 etwa gleich große Bällchen formen.

Je ein Hackfleischbällchen in die Mitte jeder Teigplatte legen. Das übrige Reismehl mit 1 Esslöffel Wasser zu einer Paste verrühren. Die Ränder der Teigplatten mit der Reismehlpaste bestreichen. 8 Teigplatten diagonal zu Dreiecken falten und die Ränder festdrücken, bei den übrigen 8 die Ränder hochklappen und beutelförmig zusammendrücken.

Die Teigtaschen portionsweise nebeneinander in einen Dämpfer legen und 10–15 Minuten über siedendem Wasser dämpfen, bis das Fleisch gar ist.

Das Öl in einem Wok oder einer großen Pfanne erhitzen. Die Teigtaschen vorsichtig hineingeben und in 2–3 Minuten knusprig braun frittieren. Auf Küchenpapier abtropfen lassen und mit der Chilisauce servieren.

FÜR 4 PERSONEN
280 g Schweinebauch
1 EL Pflanzen- oder Erdnussöl
1 EL Chili-Bohnen-Sauce
1 EL eingelegte schwarze Bohnen, abgespült und leicht zerdrückt
1 grüne Paprika, in feine Streifen geschnitten
1 rote Paprika, in feine Streifen geschnitten
1 TL süße rote Bohnenpaste (nach Belieben)
1 TL Zucker
1 TL dunkle Sojasauce
1 Prise weißer Pfeffer

WUI WO YUK
Würziges Szechuan-Schweinefleisch

In einem großen Topf Wasser zum Kochen bringen, den Schweinebauch hineingeben und 20 Minuten köcheln lassen, dabei gelegentlich den Schaum abschöpfen. Das Fleisch herausnehmen, abkühlen lassen und in feine Streifen schneiden.

Das Öl im vorgeheizten Wok oder in einer tiefen Pfanne erhitzen und die Fleischstreifen darin unter Rühren braten, bis sie sich zusammenziehen. Chili-Bohnen-Sauce unterrühren, anschließend die schwarzen Bohnen. Die restlichen Zutaten zugeben und unter Rühren einige Minuten erhitzen.

TIPP
Statt Paprika kann man auch chinesischen Lauch verwenden: Dazu 2 Stangen diagonal in Ringe schneiden.

FÜR 4 PERSONEN

1 EL Pflanzen- oder Erdnussöl
1 EL Chiliöl
500 g Schweinefilet, in feinen Streifen
2 EL grüne Chilisauce
6 Frühlingszwiebeln, in Ringen
2,5-cm-Stück frische Ingwerwurzel, in dünnen Scheiben
1 rote Paprika, in Streifen geschnitten
1 gelbe Paprika, in Streifen geschnitten
1 orangefarbene Paprika, in Streifen geschnitten
1 EL Fischsauce
2 EL thailändische Sojasauce
Saft von ½ Limette
4 EL frisch gehackte Petersilie
gekochte Reisbandnudeln, zum Servieren

MUH PAD PRIG

Schweinefleisch mit buntem Paprikagemüse

Beide Öle im Wok erhitzen. Das Schweinefleisch darin portionsweise unter Rühren rundum braun anbraten. Mit einem Schaumlöffel herausheben und beiseitestellen.

Chilisauce, Frühlingszwiebeln und Ingwer in den Wok geben und unter Rühren 1–2 Minuten braten. Dann die Paprikastreifen zugeben und unter Rühren weitere 2–3 Minuten mitbraten.

Das Fleisch zurück in den Wok geben und gut unterheben. Fischsauce, Sojasauce und Limettensaft unterrühren. Alles noch 1–2 Minuten garen, dann die Petersilie einrühren und mit den gekochten Reisnudeln servieren.

FÜR 4 PERSONEN

350 g Naturjoghurt

½ TL gemahlener Asant, in 2 EL Wasser aufgelöst

700 g Lammkeule, entbeint und von Fett und Sehnen befreit, in 5 cm großen Würfeln

2 Tomaten, entkernt und gewürfelt

1 Zwiebel, gehackt

2 EL Ghee, Pflanzen- oder Erdnussöl

1½ EL Knoblauch-Ingwer-Paste (s. S. 12)

2 EL Tomatenmark

2 Lorbeerblätter

1 EL gemahlener Koriander

¼–1 TL Chilipulver

½ TL gemahlene Kurkuma

1 TL Salz

½ TL Garam masala

ROGAN JOSH

Rogan josh

Den Joghurt in einer großen Schüssel mit dem aufgelösten Asant verrühren. Die Lammwürfel in der Marinade wenden und diese mit den Händen gründlich in das Fleisch einreiben. 30 Minuten beiseitestellen.

Inzwischen die Tomaten und die Zwiebel im Mixer zerkleinern. Das Ghee in einer großen Pfanne oder einem Bräter mit dicht schließendem Deckel bei mittlerer Hitze zerlassen. Die Knoblauch-Ingwer-Paste hineingeben und anbraten, bis der Knoblauch zu duften beginnt.

Tomaten-Zwiebel-Mischung, Tomatenmark, Lorbeerblätter, Koriander, Chilipulver und Kurkuma unterrühren, die Hitze reduzieren und auf niedriger Stufe unter gelegentlichem Rühren 5–8 Minuten köcheln.

Die Lammwürfel mit der Marinade und das Salz zugeben und 2 Minuten anbraten. Abdecken und bei schwacher Hitze unter gelegentlichem Rühren 30 Minuten köcheln. Das Lamm sollte genug Flüssigkeit abgeben, um nicht am Pfannenboden anzubacken, wenn die Sauce aber zu trocken ist, sollte noch etwas Wasser eingerührt werden.

Das Lamm mit dem Garam masala bestreuen, die Pfanne wieder abdecken und das Gericht weitere 15–20 Minuten köcheln, bis das Lammfleisch zart ist. Dann alles nochmals abschmecken.

TIPP

Das leuchtend rote Kaschmir-Chilipulver, das Sie in indischen Lebensmittelläden bekommen, verleiht dem Gericht ein besonders authentisches Aroma.

FÜR 4–6 PERSONEN

2 große Zwiebeln, in feinen Ringen
1½ TL Salz
2 große Zwiebeln, grob gehackt
2 EL Knoblauch-Ingwer-Paste (s. S. 12)
½ TL Paprikapulver
2 EL frisch gehackter Koriander
1 EL gemahlener Koriander
1 TL gemahlener Kreuzkümmel
½ TL gemahlener Asant
5 EL Ghee, Pflanzen- oder Erdnussöl
700 g Lammschulter, entbeint und von Fett und Sehnen befreit, in 5 cm großen Würfeln
4 grüne Kardamomkapseln
1 Prise Zucker
½ TL Garam masala
frische Korianderzweige, zum Garnieren

GOSHT DOPIAZA
Lamm-Dopiaza

Die Zwiebelringe in eine Schüssel geben, mit 1 Teelöffel Salz bestreuen und 5 Minuten ruhen lassen, um die Zwiebeln zu entwässern. Dann mit den Händen gut ausdrücken.

Inzwischen gehackte Zwiebeln, Knoblauch-Ingwer-Paste, Paprikapulver, frischen Koriander, gemahlenen Koriander, Kreuzkümmel und Asant in der Gewürzmühle oder im Mörser zu einer Paste verarbeiten.

2 Esslöffel Ghee in einer großen Pfanne oder einem Bräter mit dicht schließendem Deckel bei mittlerer Hitze zerlassen. Die Zwiebelringe hineingeben und unter Rühren 4–6 Minuten anbraten, bis sie gebräunt sind. Dann sofort aus der Pfanne nehmen, da sie beim Abkühlen noch nachdunkeln (wenn sie zu stark bräunen, schmecken sie bitter).

Weitere 2 Esslöffel Ghee in der Pfanne zerlassen. Die Lammfleischwürfel darin (gegebenenfalls portionsweise) rundum braun anbraten, dann aus der Pfanne nehmen.

Das restliche Ghee in der Pfanne zerlassen. Die Zwiebel-Gewürz-Mischung darin unter gelegentlichem Rühren anbraten. Die Kardamomkapseln zugeben und mitrühren.

Das Lammfleisch zurück in die Pfanne geben. ½ Teelöffel Salz und den Zucker untermengen. Die Hitze auf niedrigste Stufe reduzieren, die Pfanne abdecken und das Lamm 30 Minuten schmoren.

Den Deckel abnehmen, die Zwiebelringe und das Garam masala über das Lamm streuen, wieder abdecken und das Gericht noch 15 Minuten schmoren, bis das Lamm gut durchgegart ist. Das Gericht nochmals abschmecken und mit frischem Koriander garniert servieren.

Fisch und Meeresfrüchte

FÜR 4 PERSONEN

2 EL Pflanzen- oder Erdnussöl
1 große Zwiebel, gehackt
2 Knoblauchzehen, gehackt
100 g kleine Champignons
220 g Seeteufelfilet, in 2,5 cm Würfeln
220 g Lachsfilet, in 2,5 cm Würfeln
220 g Kabeljaufilet, in 2,5 cm Würfeln
2 EL rote Thai-Currypaste (s. S.12)
400 ml Kokosmilch
1 Hand voll frischer Koriander, gehackt
1 TL Palmzucker oder brauner Zucker
1 TL Fischsauce
120 g Reisbandnudeln
3 Frühlingszwiebeln, gehackt
50 g Bohnensprossen
frische Thai-Basilikumblätter

GÄNG PED BPLAH GAB GUAI DTIAU

Fisch-Curry mit Reisnudeln

Das Öl in einem Wok oder einer großen Pfanne erhitzen. Zwiebel, Knoblauch und Champignons darin weich dünsten, aber nicht bräunen.

Fisch, Currypaste und Kokosmilch zugeben und langsam aufkochen. 2–3 Minuten bei schwacher Hitze köcheln, dann die Hälfte des Korianders, den Zucker und die Fischsauce unterheben. Warm stellen.

Die Nudeln nach Packungsanweisung in heißem Wasser einweichen, dann in einem Sieb gut abtropfen lassen. Das Sieb mit den Nudeln auf einen Topf mit siedendem Wasser setzen. Frühlingszwiebeln, Bohnensprossen und den größten Teil des Basilikums zugeben und 1–2 Minuten auf den Nudeln dämpfen.

Die Nudeln auf vorgewärmte Teller verteilen und das Fischcurry darübergeben. Mit dem übrigen Koriander und Basilikum bestreuen und sofort servieren.

FÜR 4–6 PERSONEN

1 kg dicke Fischfilets, z. B. Meerbarbe, Kabeljau, Heilbutt oder Seeteufel, abgespült und in großen Würfeln

2 Lorbeerblätter, zerzupft

150 g Ghee oder 150 ml Pflanzen- oder Erdnussöl

2 große Zwiebeln, gehackt

½ TL Salz

150 ml Wasser

frische Korianderzweige, zum Garnieren

MARINADE

½ EL Knoblauch-Ingwer-Paste (s. S. 12)

1 frische grüne Chili, entkernt und gehackt

1 TL gemahlener Koriander

1 TL gemahlener Kreuzkümmel

½ TL gemahlene Kurkuma

¼–½ TL Chilipulver

Salz

1 EL Wasser

MACHCHLI MASALA
Fischcurry nach Balti-Art

Für die Marinade Knoblauch-Ingwer-Paste, Chili, Koriander, Kreuzkümmel, Kurkuma, Chilipulver und nach Belieben Salz in einer großen Schüssel vermengen. Nach und nach das Wasser unterrühren, sodass eine dünnflüssige Paste entsteht. Die Fischwürfel zugeben und in der Marinade wenden, bis sie gut bedeckt sind. Die Lorbeerblätter unterheben und alles 30 Minuten bis 4 Stunden zum Marinieren in den Kühlschrank stellen.

Den Fisch 15 Minuten vor der Zubereitung aus dem Kühlschrank nehmen. Das Ghee in einem Kadhai, einem Wok oder einer großen Pfanne bei mittlerer Hitze zerlassen. Die Zwiebeln zugeben, mit dem Salz bestreuen und unter häufigem Rühren 8 Minuten dünsten, bis sie leicht gebräunt sind.

Den Fisch mit den Lorbeerblättern in die Pfanne geben und das Wasser vorsichtig unterrühren. Kurz aufkochen, dann sofort die Hitze reduzieren und den Fisch 4–5 Minuten sanft köcheln. Dabei laufend die Sauce über den Fisch gießen und die Fischwürfel vorsichtig in der Pfanne wenden, bis sie durchgegart sind und leicht zerfallen. Das Gericht nochmals abschmecken und mit Koriander garnieren.

TIPP

Die Zwiebeln nicht zu stark bräunen, sonst schmeckt das Gericht bitter. Sie sollten goldgelb, aber noch nicht braun sein, wenn Sie den Fisch in die Pfanne geben.

FÜR 4 PERSONEN

4 Seeteufelfilets je 120 g

2 gehäufte EL Reismehl oder Speisestärke

6 EL Pflanzen- oder Erdnussöl

4 Knoblauchzehen, zerdrückt

2 frische große rote Chillies, entkernt und in Ringen

2 TL Palmzucker oder brauner Zucker

Saft von 2 Limetten

geriebene Schale von 1 Limette

ZUM SERVIEREN

gekochter Reis

Limettenspalten

JAM BPLAH

Seeteufel mit Limetten-Chili-Sauce

Die Fischfilets im Reismehl wenden, überschüssiges Mehl abschütteln. Das Öl in einem Wok erhitzen und die Fischfilets darin rundum braun braten, bis sie gar sind. Vorsichtig wenden, damit sie nicht auseinanderfallen.

Die Fischfilets aus dem Wok nehmen und warm stellen. Knoblauch und Chillies in den Wok geben und unter Rühren 1–2 Minuten weich dünsten.

Zucker, Limettensaft und -schale und 2–3 Esslöffel Wasser zugeben und alles zusammen aufkochen. Die Sauce 1–2 Minuten bei schwacher Hitze köcheln und dann über den Fisch geben. Mit dem gekochten Reis und den Limettenspalten servieren.

FÜR 4–6 PERSONEN
½ TL Salz
2 EL Zitronensaft oder Branntweinessig
Pfeffer
700 g weißes Fischfilet, z. B. Kabeljau, Heilbutt oder Seeteufel, gewaschen, trockengetupft, in großen Würfeln
Pflanzen- oder Erdnussöl, zum Frittieren
Zitronenspalten, zum Servieren

AUSBACKTEIG
140 g Kichererbsenmehl (Besanmehl)
Samen aus 4 grünen Kardamomkapseln
1 große Prise gemahlene Kurkuma
1 große Prise Natron
fein abgeriebene Schale von 1 Zitrone
Salz und Pfeffer
175 ml Wasser

MACHCHLI PAKORA

Fisch-Pakoras

Salz, Zitronensaft und nach Belieben Pfeffer in eine große Schüssel geben und verrühren, die Fischwürfel darin wenden und 20–30 Minuten durchziehen lassen.

Inzwischen den Ausbackteig zubereiten: Das Mehl in eine Schüssel geben. Kardamomsamen, Kurkuma, Natron, Zitronenschale sowie nach Belieben Salz und Pfeffer unterrühren. Eine Mulde in die Mitte drücken und nach und nach das Wasser unterrühren, bis ein Teig von der Konsistenz flüssiger Sahne entsteht.

Die Fischwürfel vorsichtig unter den Teig heben, damit sie nicht zerfallen.

Reichlich Öl zum Frittieren in einem Kadhai, einem Wok, einer Fritteuse oder einem großen Schmortopf auf 180 °C erhitzen (ein Brotwürfel bräunt darin innerhalb von 30 Sekunden). Die Fischstücke aus dem Teig nehmen, überschüssigen Teig in die Schüssel abtropfen lassen. So viele Fischstücke, wie gut in den Topf passen, ins heiße Öl geben und 2½–3 Minuten frittieren, bis sie goldgelb sind.

Den fertig frittierten Fisch mit einem Schaumlöffel aus dem Öl nehmen und auf Küchenpapier abtropfen lassen. So fortfahren, bis alle Fischstücke frittiert sind. Die Fisch-Pakoras heiß mit Zitronenspalten servieren.

TIPP

Den Teig kann man mehrere Stunden im Voraus zubereiten und mit Frischhaltefolie abgedeckt beiseitestellen. Vor der Verwendung gut durchrühren und bei Bedarf noch etwas Wasser untermengen: Wenn der Teig zu dickflüssig ist, backt er nicht vollständig durch.

FÜR 4 PERSONEN

500 g Seeteufel- oder Kabeljaufilet, in Würfeln
220 g Lachsfilet, in Würfeln
120 g Reisbandnudeln
2 EL Pflanzen- oder Erdnussöl
2 Schalotten, gehackt
2 Knoblauchzehen, fein gehackt
1 frische rote Chili, entkernt und gehackt
2 EL thailändische Sojasauce
2 EL Chilisauce
frisch gehackter Koriander, zum Garnieren

MARINADE

2 EL Pflanzen- oder Erdnussöl
2 frische grüne Chillies, entkernt und gehackt
geriebene Schale und Saft von 1 Limette
1 EL Fischsauce

GUAI DTIAU BPLAH

Reisnudeln mit mariniertem Fisch

Die Fischwürfel in eine flache Schüssel geben. Für die Marinade Öl, grüne Chillies, Limettensaft und -schale und Fischsauce vermischen und über den Fisch gießen. Abdecken und 2 Stunden in den Kühlschrank stellen.

Die Nudeln in eine Schüssel geben und mit siedendem Wasser übergießen. 8–10 Minuten bzw. nach Packungsanweisung ziehen lassen. Gut abtropfen lassen.

Das Öl in einem Wok oder einer großen Pfanne erhitzen. Schalotten, Knoblauch und rote Chili darin hellbraun anbraten. Soja- und Chilisauce unterrühren. Die Fischwürfel mit der Marinade in den Wok geben und unter vorsichtigem Wenden 2–3 Minuten garen, bis das Fischfleisch durchgegart ist.

Die abgetropften Nudeln zugeben und vorsichtig unterheben. Mit Koriander garnieren und sofort servieren.

FÜR 4–6 PERSONEN

1 ganzer Wolfsbarsch oder etwa 1,5 kg ähnlicher Fisch, ausgenommen
½ TL Salz
5-cm-Stück frische Ingwerwurzel, in feine Stifte geschnitten
1 TL Shaoxing-Reiswein
1 EL in diagonale Ringe geschnittene Frühlingszwiebeln
1 EL Pflanzen- oder Erdnussöl
1 EL helle Sojasauce

CHING JING YU

Gedämpfter Fisch auf kantonesische Art

Den Fisch außen und innen gründlich abspülen, trockentupfen und auf beiden Seiten mehrmals diagonal tief einschneiden. Das Salz in die Fischhaut reiben und 20 Minuten ziehen lassen.

Den Fisch in einen ungelochten oder mit Alufolie ausgelegten gelochten Dämpfeinsatz legen. Mit Ingwer, Reiswein und der Hälfte der Frühlingszwiebeln bedecken und 8–10 Minuten dämpfen.

Das Öl in einem kleinen Topf erhitzen, bis es raucht, und über die restlichen Frühlingszwiebeln gießen. Den Fisch auf eine Servierplatte heben, mit der Frühlingszwiebel-Öl-Mischung sowie Sojasauce begießen und sofort servieren.

TIPP

In China wird Fisch meist sehr frisch und im Ganzen serviert. Die Fischbäckchen, die als das zarteste Fleisch gelten, werden dem Ehrengast angeboten.

FÜR 4 PERSONEN

1 Portion Koriander-Chutney (s. S. 200)
1 großes, frisches Bananenblatt
Pflanzen- oder Erdnussöl, zum Einfetten
4 weiße Fischfilets mit Haut, z. B. Pomfret (Brachsenmakrele) oder Seezunge, à 150 g
Salz und Pfeffer
Limetten- oder Zitronenspalten, zum Servieren

PAATRANI MACHCHI

Gedämpfter Fisch mit Koriander-Chutney

Das Koriander-Chutney mindestens 2 Stunden im Voraus zubereiten, damit die Aromen gut durchziehen können.

Aus dem Bananenblatt 4 Quadrate schneiden, die so groß sind, dass man die Fischfilets gut darin verpacken kann (etwa 25 cm × 25 cm). Jedes Bananenblatt-Quadrat auf einer Seite leicht einölen. Ein Fischfilet mit der fleischigen Seite nach oben in die Mitte der geölten Blattseite legen und das Fischfilet mit einem Viertel des Koriander-Chutneys bestreichen.
Salzen und pfeffern.

Zuerst die eine, dann die andere Seite des Blatts über das Fischfilet klappen. Schließlich die beiden Enden des Päckchens zur Mitte falten. Die Enden vorher abschneiden, falls das Päckchen zu dick wird. Das Blattpäckchen mit 2 Holzspießchen verschließen. Den Vorgang mit den übrigen Zutaten und Bananenblatt-Quadraten wiederholen. Die vorbereiteten Fischpäckchen können, falls erforderlich, mehrere Stunden im Kühlschrank aufbewahrt werden.

Einen Dämpfer, der so groß ist, dass alle Fischpäckchen in einer Lage hineinpassen, so auf einen Topf mit kochendem Wasser setzen, dass das Wasser den Fisch nicht berührt. Die Fischpäckchen hineinlegen, den Deckel auflegen und den Fisch 15 Minuten dämpfen. Danach ein Päckchen öffnen, um zu prüfen, ob der Fisch durchgegart ist.

Die verschlossenen Fischpäckchen mit Limetten- oder Zitronenspalten servieren, sodass die Gäste sie selbst öffnen und sich an dem köstlichen Duft erfreuen können.

FÜR 3–4 PERSONEN

1 Flunder, ausgenommen
½ TL Salz
2 TL eingelegte schwarze Bohnen, abgespült und gehackt
2 TL fein gehackter Knoblauch
1 TL in dünne Stifte geschnittene frische Ingwerwurzel
1 EL gehackte Frühlingszwiebeln
1 EL helle Sojasauce
1 TL Shaoxing-Reiswein
1 TL Pflanzen- oder Erdnussöl
1 Spritzer Sesamöl
½ TL Zucker
1 Prise weißer Pfeffer

SI JAP JIN TAAP SA

Gedämpfte Flunder mit schwarzer Bohnensauce

Den Fisch auf ein großes Stück Alufolie legen, mit den anderen Zutaten bedecken und 10–12 Minuten dämpfen, bis er gar ist.

Tipp

Für dieses Gericht eignet sich jeder Fisch mit weißem Fleisch. Sie können auch Tiefkühlware verwenden.

FÜR 4 PERSONEN

4 EL Pflanzen- oder Erdnussöl, plus etwas mehr zum Einfetten
fein abgeriebene Schale und Saft von 1 Limette
Salz und Pfeffer
4 große Makrelenfilets mit Haut à 175 g
1½ TL Kreuzkümmelsamen
1½ TL schwarze Senfsamen
1½ TL Schwarzkümmelsamen
1½ TL Fenchelsamen
1½ TL Koriandersamen
4-cm-Stück frische Ingwerwurzel, sehr fein gehackt
1½ Knoblauchzehen, sehr fein gehackt
3 Schalotten, sehr fein gehackt
1 Prise Chilipulver
frische rote Chillies, entkernt und in sehr feinen Ringen, zum Garnieren
Limettenspalten, zum Servieren

BHANGDE LONCHEN

Gegrillte Makrele

2 Esslöffel Öl, Limettenschale und -saft sowie nach Belieben Salz und Pfeffer in einer Schüssel vermengen, in die die Makrelenfilets flach hineinpassen. Die Makrelenfilets in der Marinade wenden, bis sie mit Marinade gut bedeckt sind, und mindestens 10 Minuten zum Marinieren beiseitestellen oder bis zu 4 Stunden kalt stellen.

Inzwischen den Backofengrill vorheizen und einen Grillrost leicht einölen.

Den Fisch, falls er kalt gestellt wurde, 15 Minuten vor dem Grillen aus dem Kühlschrank nehmen. Die Makrelenfilets mit der Haut nach unten in 10 cm Entfernung von der Hitzequelle 6 Minuten grillen, bis das Fleisch durchgegart ist und sich mit der Messerspitze leicht ablösen lässt.

Währenddessen 2 Esslöffel Öl in einem Kadhai, einem Wok oder einer großen Pfanne auf mittlerer Stufe erhitzen. Kreuzkümmel-, Senf-, Schwarzkümmel-, Fenchel- und Koriandersamen zugeben und rühren, bis die Senfsamen platzen und die Koriander- und Kreuzkümmelsamen ganz leicht bräunen. Dann die Pfanne sofort vom Herd nehmen. Ingwer, Knoblauch, Schalotten und Chilipulver zugeben und alles 1 Minute rühren.

Die Makrelenfilets auf Servierteller legen und die Gewürzmischung darübergeben. Mit Chiliringen garnieren und mit Limettenspalten servieren.

TIPP

Das pikante Aroma passt auch gut zu anderen fettreichen Fischfilets, wie etwa Hering, Lachs oder Thunfisch.

FÜR 4–6 PERSONEN

1 ganzer Süßwasserfisch, z. B. Regenbogenforelle oder Karpfen, etwa 2 kg, ausgenommen
1 gehäufter EL Mehl
1 Prise Salz
100 ml Wasser
Pflanzen- oder Erdnussöl, zum Frittieren

SAUCE

100 ml Pflanzen- oder Erdnussöl
1 TL getrocknete Chiliflocken
1 Knoblauchzehe, fein gehackt
1 TL fein gehackte frische Ingwerwurzel
1 EL Chili-Bohnen-Sauce
½ TL weißer Pfeffer
2 TL Zucker
1 EL weißer Reisessig
1 TL fein gehackte Frühlingszwiebeln

DAU FAAN YU

Frittierter Fisch mit Chilisauce

Den Fisch außen und innen gut abspülen und trockentupfen. Mehl, Salz und Wasser zu einer dünnen Paste verrühren und den Fisch damit überziehen.

Reichlich Öl im Wok, in der Fritteuse oder einem großen schweren Topf auf 180–190 °C erhitzen (ein Brotwürfel bräunt darin in 30 Sekunden). Den Fisch von jeder Seite goldbraun und knusprig ausbacken. Abtropfen lassen und warm halten.

Für die Sauce das Öl, bis auf 1 Esslöffel, in einem kleinen Topf erhitzen, bis es raucht, und über die Chiliflocken gießen. Beiseitestellen.

Das restliche Öl im vorgeheizten Wok oder in einer tiefen Pfanne erhitzen. Knoblauch und Ingwer darin schwenken, bis sie zu duften beginnen. Die Chili-Bohnen-Sauce unterrühren, dann alles mit Pfeffer, Zucker und Essig würzen. Den Herd ausschalten und die Frühlingszwiebeln unterrühren. Die Sauce über den Fisch gießen und das Gericht sofort servieren.

TIPP

Chili-Bohnen-Sauce ist eine scharfe Sauce aus Chillies, Bohnen, Salz, Zucker und anderen Gewürzen. Sie sollten sie daher vorsichtig dosieren.

FÜR 4 PERSONEN
2 EL Pflanzen- oder Erdnussöl
3 Schalotten, fein gehackt
2 Knoblauchzehen, fein gehackt
220 g Jasminreis
300 ml Fischfond
4 Frühlingszwiebeln, gehackt
2 EL rote Thai-Currypaste (s. S. 12)
220 g kleine Tintenfische, küchenfertig, in Ringen
220 g Weißfischfilet, in Würfeln
220 g Lachsfilet, in Würfeln
4 EL gehackter frischer Koriander

KHAU SAI RUAM MIT TA-LEH

Reis mit Meeresfrüchten

1 Esslöffel Öl in einem Wok erhitzen. Schalotten und Knoblauch 2–3 Minuten unter Rühren weich dünsten. Den Reis zugeben und unter Rühren 2–3 Minuten mitbraten.

Eine Schöpfkelle Fond zugeben und den Reis 12–15 Minuten köcheln, nach Bedarf weiteren Fond zugeben, bis der Reis gar ist. In eine Schüssel geben, abkühlen lassen und über Nacht kalt stellen.

Das übrige Öl in einem Wok erhitzen. Frühlingszwiebeln und Currypaste 2–3 Minuten unter Rühren braten. Tintenfisch und Fischwürfel zugeben und unter vorsichtigem Wenden garen, damit der Fisch nicht zerfällt. Reis und Koriander unterheben, miterhitzen und servieren.

FÜR 4–6 PERSONEN

1 EL Pflanzen- oder Erdnussöl
120 g rohe Garnelen, ausgelöst
4 Eier, leicht verquirlt
1 TL Salz
1 Prise weißer Pfeffer
2 EL fein gehackter chinesischer Schnittlauch

FU YUNG HA
Garnelen Fu Yung

Das Öl im vorgeheizten Wok oder in einer tiefen Pfanne erhitzen und die Garnelen darin unter Rühren braten, bis sie rosa werden.

Die Eier mit Salz und Pfeffer würzen und über die Garnelen gießen. Unter Rühren 1 Minute braten, dann alles mit dem Schnittlauch bestreuen.

Weitere 4 Minuten pfannenrühren, bis das Rührei gar, aber noch cremig ist. Sofort servieren.

TIPP
Chinesischer Schnittlauch wird wegen seines feinen Knoblaucharomas auch Knoblauch-Schnittlauch genannt.

FÜR 4 PERSONEN

500 g große rohe Garnelen
1 EL Pflanzen- oder Erdnussöl
3 Schalotten, fein gehackt
2 Knoblauchzehen, fein gehackt
2,5-cm-Stück frische Ingwerwurzel, in dünnen Scheiben
400 ml Kokosmilch
1 EL grüne Thai-Currypaste (s. S. 12)
3–4 frische Thai-Basilikumblätter
1 TL Palmzucker oder brauner Zucker
220 g Reisbandnudeln
2 TL Sesamöl
2 EL Sesamsaat, trocken geröstet
frische Thai-Basilikumzweige, zum Garnieren
4 gegarte Riesengarnelen, im Ganzen, zum Servieren

GUAI DTIAU GUNG

Nudeln mit Garnelen

Die Garnelenköpfe entfernen und die Garnelen schälen. Am Rücken längs einschneiden und den dunklen Darmfaden entfernen.

Das Öl in einem Wok erhitzen. Schalotten, Knoblauch und Ingwer unter Rühren 2–3 Minuten anbraten. Kokosmilch und Currypaste unterrühren und 2–3 Minuten köcheln.

Garnelen, Basilikumblätter und Zucker zugeben und mitgaren, bis sich die Garnelen rosa verfärben.

Inzwischen die Nudeln nach Packungsanweisung zubereiten und dann gut abtropfen lassen. Sesamöl und -saat unter die Nudeln rühren, mit Basilikumzweigen garnieren und mit den Garnelen servieren.

FÜR 4–6 PERSONEN

300 g Reis-Fadennudeln
3 EL Pflanzen- oder Erdnussöl
2 Knoblauchzehen, fein gehackt
500 g kleine rohe Garnelen, ausgelöst und in 2–3 Stücken
120 g Cha Siu (chinesischer, glasierter Schinken), in feine Streifen geschnitten
1 Zwiebel, in feine Streifen geschnitten
1 EL mildes Currypulver
1 grüne Paprika, in feine Streifen geschnitten
1 TL Zucker
1 TL Salz
1–2 TL Hühnerbrühe
1 EL helle Sojasauce
200 g Bohnensprossen, geputzt

122

SING JAU CHAAU MAI

Singapur-Nudeln

Die Nudeln nach Packungsanleitung kochen. Abtropfen lassen und beiseitestellen.

Im vorgeheizten Wok oder in einer tiefen Pfanne 2 Esslöffel Öl erhitzen und den Knoblauch darin schwenken, bis er zu duften beginnt. Die Garnelen zufügen und 1 Minute unter Rühren braten, bis sich ihre Farbe ändert. Cha Siu zugeben, 1 weitere Minute braten, dann alles aus dem Wok nehmen und beiseitestellen.

Das restliche Öl im sauberen Wok oder in der Pfanne erhitzen und die Zwiebel darin 1 Minute unter Rühren braten. Mit dem Currypulver bestäuben. Paprika, Zucker, Salz und Brühe zugeben und alles 2 Minuten pfannenrühren. Die Sojasauce unterrühren. Zunächst die Nudeln, dann die Bohnensprossen und die Garnelen-Mischung unterheben. Gut erhitzen und servieren.

Tipp

Schnell und einfach gelingt das Unterheben der Nudeln mit 2 Kochlöffeln oder Pfannenwendern.

FÜR 6 PERSONEN

2 TL Koriandersamen
½ TL schwarze Pfefferkörner
1 große Knoblauchzehe, zerdrückt
1 TL gemahlene Kurkuma
¼–½ TL Chilipulver
½ TL Salz
3 EL Ghee, Pflanzen- oder Erdnussöl
1 Zwiebel, gerieben
800 g Tomaten aus der Dose
1 Prise Zucker
500 g gekochte, ausgelöste kleine Garnelen
½ TL Garam masala, plus etwas mehr zum Garnieren
½ Portion Puris (s. S. 190), warm gehalten
frischer Koriander, zum Garnieren

JHINGA PURI

Garnelen-Puris

Koriandersamen, Pfefferkörner, Knoblauch, Kurkuma, Chilipulver und Salz in einer kleinen Küchenmaschine, einer Gewürzmühle oder einem Mörser zu einer dicken Paste verarbeiten.

Das Ghee in einem Kadhai, einem Wok oder einer großen Pfanne bei mittlerer Hitze zerlassen. Die Gewürzpaste zugeben und unter Rühren 30 Sekunden anbraten.

Die Zwiebel zugeben und alles weitere 30 Sekunden braten. Die Tomaten mit ihrem Saft und dem Zucker unterrühren. Alles unter Rühren aufkochen und 10 Minuten bei mittlerer Hitze köcheln, dabei die Tomaten an der Pfannenseite zerdrücken. Die Sauce einkochen, bis sie dickflüssig ist. Nach Belieben mit Salz abschmecken.

Die Garnelen untermengen und mit Garam masala bestreuen. Wenn die Garnelen erhitzt sind, die heißen Puri-Fladen auf Teller legen und auf jedem Fladen eine Portion Garnelen anrichten. Mit Koriander und Garam masala garnieren.

TIPP

Frittierte Puris werden am besten direkt aus der Pfanne serviert, weshalb es sich empfiehlt, mehrere Pfannen zur Verfügung zu haben. Das Gericht wird traditionell auf knusprigen Puris gereicht, aber wenn Ihnen das Frittieren zu aufwändig ist, können Sie auch Chapati- oder Naan-Brote nehmen (s. S. 193).

FÜR 4 PERSONEN

3 EL Pflanzen- oder Erdnussöl

2 große frische Krebse, gesäubert und in Stücke geteilt, die Scheren aufgebrochen

60 g frische Ingwerwurzel, in Stifte geschnitten

100 g Frühlingszwiebeln, in 5 cm lange Stücke geschnitten

2 EL helle Sojasauce

1 TL Zucker

1 Prise weißer Pfeffer

126

GEUNG CHUNG CHAAU HAI

Frische Krebse mit Ingwer

Im vorgeheizten Wok oder in einer tiefen Pfanne 2 Esslöffel Öl erhitzen und die Krebse darin 3–4 Minuten bei starker Hitze braten. Aus dem Wok nehmen und beiseitestellen.

Das restliche Öl im sauberen vorgeheizten Wok oder in der Pfanne erhitzen und den Ingwer darin schwenken, bis er zu duften beginnt. Die Frühlingszwiebeln unterrühren. Die Krebsteile zugeben und alles mit Sojasauce, Zucker und Pfeffer vermengen. Abgedeckt 1 Minute köcheln lassen. Sofort servieren.

TIPP

Dieses Gericht sollte nur mit frischen Krebsen zubereitet werden, ob Salz- oder Süßwasserkrebse.

FÜR 4 PERSONEN
2 kg frische Miesmuscheln
3 EL Pflanzen- oder Erdnussöl
½ EL schwarze Senfsamen
8 Schalotten, gehackt
2 Knoblauchzehen, zerdrückt
2 EL Branntweinessig
4 kleine, frische rote Chillies
90 g Kokoscreme, in 300 ml kochend heißem Wasser aufgelöst
10 frische oder 1 EL getrocknete Curryblätter
½ TL gemahlene Kurkuma
¼–½ TL Chilipulver
Salz

TISSARIO KADUGU

Muscheln mit Senfsamen und Schalotten

Die Muscheln verlesen und alle Exemplare mit beschädigter Schale sowie offene Muscheln, die sich beim Dagegenklopfen nicht schließen, wegwerfen. Die Muscheln unter fließend kaltem Wasser abbürsten und verbliebene Bartfäden mit einem kleinen Messer entfernen. Beiseitestellen.

Das Öl in einem Kadhai, einem Wok oder einer großen Pfanne auf mittlerer Stufe erhitzen. Die Senfsamen zugeben und 1 Minute rühren, bis sie springen. Schalotten und Knoblauch zugeben und unter häufigem Rühren 3 Minuten braten, bis sie leicht gebräunt sind. Essig, Chillies, Kokoscreme, Curryblätter, Kurkuma, Chilipulver und eine Prise Salz unterrühren und alles unter Rühren zum Kochen bringen.

Die Hitze auf niedrigste Stufe reduzieren. Die Muscheln in die Pfanne geben, den Deckel auflegen und die Muscheln 3–4 Minuten erhitzen, dabei die Pfanne häufig rütteln, bis sich alle Muscheln geöffnet haben. Geschlossene Muscheln wegwerfen. Die Muscheln in tiefe Schalen geben und den Kochsud mit Salz abschmecken. Die Muscheln mit dem Sud übergießen und servieren.

TIPP

Den Kochsud gut abschmecken, bevor Sie ihn wieder zu den Muscheln geben. Falls die Muscheln sandig waren, den Sud durch ein mit Musselin oder Küchenpapier ausgelegtes Sieb abseihen. Muscheln sollten immer an dem Tag zubereitet werden, an dem man sie gekauft hat.

FÜR 4 PERSONEN

2 EL Pflanzen- oder Erdnussöl
1 TL fein gehackter Knoblauch
1 TL fein gehackte frische Ingwerwurzel
1 EL eingelegte schwarze Bohnen, abgespült und leicht zerdrückt
400 g Jakobsmuscheln, ausgelöst
½ TL helle Sojasauce
1 TL Shaoxing-Reiswein
1 TL Zucker
3–4 frische rote Vogelaugen-Chillies, fein gehackt
1–2 TL Hühnerbrühe, nach Bedarf
1 EL fein gehackte Frühlingszwiebeln

SI JAP CHAAU DAI JI

Jakobsmuscheln in schwarzer Bohnensauce

Das Öl im vorgeheizten Wok oder in einer tiefen Pfanne erhitzen. Knoblauch und Ingwer darin etwa 1 Minute schwenken, bis sie zu duften beginnen. Die schwarzen Bohnen unterrühren. Die Muscheln zugeben und 1 Minute pfannenrühren. Sojasauce, Reiswein, Zucker und Chillies unterrühren.

Die Hitze reduzieren und alles 2 Minuten köcheln lassen. Bei Bedarf Brühe zufügen. Die Frühlingszwiebeln unterrühren und sofort servieren.

Tipp

Frische Muscheln sollten die erste Wahl sein, aber auch Tiefkühlware ist für dieses überaus aromatische Gericht geeignet.

FÜR 4 PERSONEN

GEWÜRZPASTE

2 EL Pflanzen- oder Erdnussöl
1 EL Chiliöl mit Garnelen
2 Schalotten, gehackt
2–3 frische große rote Chillies, entkernt und grob gehackt
2 EL gemahlener Koriander
2 EL gemahlener Kreuzkümmel
2,5-cm-Stück frische Ingwerwurzel, gehackt
1 EL fein gehacktes Zitronengras
3–4 Korianderwurzeln, gehackt
1 TL Salz
1 TL Palmzucker oder brauner Zucker

WOK-GERICHT

2 rote Paprika, gewürfelt
150 g Naturjoghurt
750 g Tintenfisch, küchenfertig, in Ringen
Saft von 1 Limette
120 g Kokoscreme, in Würfeln
150 ml heißes Wasser

BPLAH-MÜG PAD PRIG-DÄNG

Tintenfisch mit Paprika

Alle Zutaten für die Gewürzpaste zusammen in eine Küchenmaschine geben und sehr fein zerkleinern.

Die Gewürzpaste in einen Wok geben und auf kleiner Stufe 3–4 Minuten unter Rühren erhitzen. Die Paprika zugeben und 1–2 Minuten unter Rühren anbraten.

Den Joghurt zugeben und unter Rühren aufkochen. Den Tintenfisch zufügen und 2–3 Minuten köcheln, dann den Limettensaft, die Kokoscreme und das Wasser unterrühren. Alles weitere 1–2 Minuten köcheln, bis die Kokoscreme aufgelöst ist. Sofort servieren.

Vegetarische Gerichte

FÜR 4–6 PERSONEN

250 g weicher Tofu, in 1 cm große Würfel geschnitten
4 Eier, verquirlt
1 Prise Salz
100 g chinesischer Schnittlauch, fein gehackt
1 EL Shaoxing-Reiswein
3 EL Pflanzen- oder Erdnussöl
4–5 EL Gemüsebrühe

WAAT DAAN DAU FU

Rührei mit Tofu

Den Tofu in einem großen Topf mit kochendem Wasser 2 Minuten blanchieren. Abtropfen lassen und beiseitestellen.

Die Eier mit dem Salz, der Hälfte des Schnittlauchs und 1 Teelöffel Reiswein verrühren.

Im vorgeheizten Wok oder in einer tiefen Pfanne 2 Esslöffel Öl erhitzen und die Eiermasse darin 2 Minuten unter schnellem Rühren stocken lassen. Das Rührei aus dem Wok nehmen und beiseitestellen.

Das restliche Öl im sauberen vorgeheizten Wok oder in der Pfanne erhitzen und die Tofuwürfel darin 2 Minuten unter Rühren braten. Brühe und restlichen Reiswein zufügen und alles 3 Minuten köcheln lassen. Mit Rührei und restlichem Schnittlauch vermengen.
Sofort servieren.

TIPP

Wenn Sie keinen Vegetarier zum Essen erwarten, können Sie auch Hühnerbrühe verwenden.

ERGIBT 8 STÜCK

3 EL Senföl
2 TL schwarze Senfsamen
12 frische oder 1 EL getrocknete Curryblätter
3 frische grüne Chillies, entkernt und gehackt
1½ große Zwiebeln, gehackt
½ TL gemahlene Kurkuma
750 g neue Kartoffeln, abgebürstet und fein gewürfelt
Salz
500 ml Wasser
½–1 EL Tamarindenpaste oder Tamarinden-Chutney
20 g Kokoscreme, geraspelt und in 1 EL kochend heißem Wasser aufgelöst
etwas frisch gehackter Koriander
8 Dosas (s. S. 188), warm gehalten
verschiedene Chutneys, zum Servieren

MASALA DOSA
Dosa masala

Das Senföl in einer großen Pfanne oder einem Topf mit geschlossenem Deckel auf hoher Stufe erhitzen, bis es zu rauchen beginnt. Den Herd abschalten und das Öl vollständig abkühlen lassen.

Das Senföl erneut auf mittlerer Stufe erhitzen. Die Senfsamen zugeben und rühren, bis sie platzen. Curryblätter, Chillies und Zwiebeln zugeben und unter häufigem Rühren 5–8 Minuten anbraten, bis die Zwiebeln glasig sind.

Die Kurkuma unterrühren, dann die Kartoffeln und eine Prise Salz zugeben. Das Wasser zugießen und zum Kochen bringen. Die Hitze reduzieren und das Ganze abgedeckt auf niedrigster Stufe 12–15 Minuten köcheln, bis die Kartoffeln sehr weich sind und fast zerfallen und das Wasser größtenteils eingekocht ist. Tamarindenpaste und Kokoscreme unterrühren, mit etwas Salz abschmecken und den Koriander unterheben.

Jedes Dosa hat eine glattere, knusprig braune und eine hellere, gefleckte Seite. Jeweils ein Achtel der Füllung auf die hellere Seite des Dosa geben und dieses um die Füllung wickeln. So fortfahren, bis alle Dosas gefüllt sind. Heiß oder warm mit einer Auswahl von Chutneys servieren.

TIPP
Sie können das Senföl auch durch Pflanzen- oder Erdnussöl ersetzen; in diesem Fall entfällt der erste Zubereitungsschritt.

FÜR 4–6 PERSONEN

3 getrocknete chinesische Pilze, 20 Min. in heißem Wasser eingeweicht
60 g Baby-Pak-Choi
Pflanzen- oder Erdnussöl, zum Frittieren
500 g fester Tofu, in 2,5 cm große Würfel geschnitten
60 g Bambussprossen, frisch oder aus der Dose, abgespült und in feine Streifen geschnitten (frische Sprossen zuvor 30 Min. kochen)
1 TL Austernsauce
1 TL helle Sojasauce

SEUN JIM DAU FU

Bambussprossen mit Tofu

Die Pilze gut ausdrücken, die harten Stiele entfernen und die Kappen in feine Streifen schneiden. Den Pak Choi in einem großen Topf mit kochendem Wasser 30 Sekunden blanchieren. Abtropfen lassen und beiseitestellen.

Öl im Wok oder in der Fritteuse auf 180–190 °C erhitzen (ein Brotwürfel bräunt darin in 30 Sekunden). Die Tofuwürfel goldbraun frittieren. Abtropfen lassen und beiseitestellen.

Im vorgeheizten Wok oder in einer tiefen Pfanne 1 Esslöffel Öl erhitzen. Pilze und Pak Choi unter Rühren darin anbraten. Tofu und Bambussprossen mit Austern- und Sojasauce zufügen. Unter Rühren gut erhitzen. Sofort servieren.

FÜR 4 PERSONEN

2 EL Pflanzen- oder Erdnussöl
6 Frühlingszwiebeln, in Ringen
1 EL grüne Thai-Currypaste (s. S. 12)
120 g Shiitake-Pilze, halbiert
120 g Austernpilze
120 g kleine Champignons
120 g Wiesenchampignons, in Scheiben
2 EL thailändische Sojasauce
1 TL Palmzucker oder brauner Zucker
220 g Wasserkastanien aus der Dose, abgespült, abgetropft und in Scheiben
60 g Bohnensprossen
gekochte Reisnudeln, zum Servieren

PAD HED RUAM-MIT
Gemischte Pilzpfanne

Das Öl in einem Wok oder einer Pfanne erhitzen. Die Frühlingszwiebeln darin unter Rühren 30 Sekunden anbraten. Die Currypaste zugeben und 1–2 Minuten mitrühren. Alle Pilze zufügen und bei starker Hitze unter Rühren anbraten, bis sie weich werden.

Sojasauce, Zucker, Wasserkastanien und Bohnensprossen zugeben und 1–2 Minuten miterhitzen. Mit den gekochten Nudeln servieren.

FÜR 4–6 PERSONEN
400 g dünne Weizennudeln
140 g Bohnensprossen
1 EL sehr fein gehackte Frühlingszwiebeln

SESAMSAUCE
1 EL Zucker
1 EL Sesamöl
50 g Sesampaste (Tahini)
1 EL Chiliöl
2 TL dunkle Sojasauce
1 EL schwarzer chinesischer Essig

SING DOU MA LAAT MIN

Chengdu-Nudeln in Sesamsauce

Die Nudeln nach Packungsanleitung kochen. Unter fließend kaltem Wasser abschrecken und beiseitestellen. Die Bohnensprossen in kochendem Wasser 30 Sekunden blanchieren. Abtropfen lassen und ebenfalls beiseitestellen.

Alle Zutaten für die Sauce in einer Schüssel glatt und sämig rühren.

Nudeln und Bohnensprossen gut mit der Sauce vermengen. Mit Frühlingszwiebeln bestreuen.

TIPP
Variieren Sie die angegebenen Zutatenmengen für die Sauce, um ein würzigeres (mehr Sojasauce) oder schärferes (mehr Chiliöl) Gericht zu erhalten.

FÜR 4–6 PERSONEN
2 Eier
½ TL Salz
1 Prise weißer Pfeffer
1 TL zerlassene Butter
2 EL Pflanzen- oder Erdnussöl
1 TL fein gehackter Knoblauch
1 kleine Zwiebel, in feine Ringe geschnitten
1 grüne Paprika, in feine Streifen geschnitten
450 g gegarter Reis, gekühlt
1 EL helle Sojasauce
1 EL fein gehackte Frühlingszwiebeln
140 g Bohnensprossen
2 Tropfen Sesamöl

FU YUNG DAAN

Fu Yung

Die Eier mit Salz und Pfeffer verquirlen. Die Butter in einer tiefen Pfanne erhitzen, die Eier hineingießen und zu einem Omelett braten. Aus der Pfanne nehmen und in Streifen schneiden.

Das Öl im vorgeheizten Wok oder in einer tiefen Pfanne erhitzen und den Knoblauch darin schwenken, bis er zu duften beginnt. Die Zwiebel zugeben und 1 Minute pfannenrühren. Die Paprika zufügen und 1 weitere Minute mitbraten. Den Reis unterheben. Wenn die Reiskörner locker sind, die Sojasauce unterrühren und alles 1 Minute garen.

Zunächst Frühlingszwiebeln und Omelettstreifen, dann Bohnensprossen und Sesamöl zufügen und vermischen. 1 Minute unter Rühren erhitzen. Sofort servieren.

TIPP

Benutzen Sie möglichst eine beschichtete Pfanne.

FÜR 4 PERSONEN

4 EL Pflanzen- oder Erdnussöl
2 Knoblauchzehen, fein gehackt
2 frische rote Chillies, entkernt und gehackt
120 g Champignons, in Scheiben
50 g Zuckererbsen, halbiert
50 g Baby-Maiskolben, halbiert
3 EL thailändische Sojasauce
1 EL Palmzucker oder brauner Zucker
frische Thai-Basilikumblätter, plus etwas mehr zum Garnieren
350 g gekochter Reis, abgekühlt
2 Eier, verquirlt
2 Zwiebeln, in Ringen

KHAU PAD SAI KHAI GAB HORM TORD

Gebratener Gemüsereis mit Ei und Zwiebeln

Die Hälfte des Öls in einem Wok oder einer großen Pfanne erhitzen. Den Knoblauch und die Chillies darin 2–3 Minuten anbraten.

Champignons, Zuckererbsen und Mais zugeben und 2–3 Minuten unter Rühren braten. Sojasauce, Zucker und Basilikum unterrühren und dann den Reis unterheben.

Pilze, Gemüse und Reis an den Rand des Woks schieben. Die verquirlten Eier in den Wok gießen, unter Rühren etwas stocken lassen und dann mit dem Gemüse und dem Reis vermengen.

Das restliche Öl in einer anderen Pfanne erhitzen und die Zwiebelringe darin knusprig braun braten. Über den gebratenen Reis streuen und mit Basilikumblättern garniert servieren.

TIPP

Der Reis muss gut abgekühlt sein, bevor man ihn in den Wok gibt, sonst verklumpt er mit den Eiern.

ERGIBT 4 STÜCK

4 kleine Auberginen von etwa 13 cm Länge

Ghee, Pflanzen- oder Erdnussöl, zum Schmoren

FÜLLUNG

4 feste Tomaten, gerieben

2 Zwiebeln, gerieben

2 frische rote Chillies, gehackt (nach Belieben entkernt)

4 EL Zitronensaft

4 EL frisch gehackter Koriander

1 EL Knoblauch-Ingwer-Paste (s. S. 13)

1½ EL gemahlener Koriander

2 TL gemahlener Kreuzkümmel

1 TL Fenchelsamen

1 TL gemahlene Kurkuma

1 TL Salz

Kichererbsenmehl (Besanmehl)

frische Minzezweige, zum Garnieren

Raita, zum Servieren (s. S. 202)

BHARWAN BAINGAN TAMATARI
Auberginen mit Tomaten

Für die Füllung Tomaten, Zwiebeln, Chillies, Zitronensaft, frischen Koriander, Knoblauch-Ingwer-Paste, gemahlenen Koriander, Kreuzkümmel, Fenchelsamen, Kurkuma und Salz in einer Schüssel vermengen. Die Füllung sollte nicht zu fest, aber doch so dickflüssig sein, dass sie nicht von den Auberginenscheiben fließt. Falls die Tomaten sehr saftig sind und die Füllung deshalb zu flüssig ist, bis zu 1 Esslöffel Kichererbsenmehl unterrühren.

Jede Aubergine längs in vier Scheiben schneiden, die jedoch am Stielende verbunden bleiben. Die Scheiben leicht auffächern und mit einem Löffel oder mit den Fingern bis an die Ränder mit der Füllung bestreichen. Dann die Scheiben vorsichtig aufeinanderlegen, sodass die Aubergine wieder ihre ursprüngliche Form erhält.

In einem Bräter oder einer großen Pfanne mit dicht schließendem Deckel, in die alle Auberginen passen, so viel Ghee zerlassen, dass der Pfannenboden etwa 5 mm hoch bedeckt ist. Die Auberginen nebeneinander hineinlegen.

Den Deckel auflegen und die Auberginen auf niedrigster Stufe 15 Minuten schmoren, dann vorsichtig wenden. Mit aufgelegtem Deckel weitere 10–15 Minuten garen, bis die Auberginen weich sind – dies kann man durch Anstechen mit einem Spießchen oder Messer prüfen. Zwischendurch prüfen, ob die Auberginen am Pfannenboden anbacken. Falls nötig, ein paar Esslöffel Wasser zugeben. Mit ein paar Minzezweigen garnieren und heiß oder warm mit Raita servieren.

FÜR 4 PERSONEN

250 g Chana Daal (halbierte gelbe Linsen), gewaschen
1,2 l Wasser
1 TL gemahlener Koriander
1 TL gemahlener Kreuzkümmel
¼ TL gemahlener Asant
½ TL gemahlene Kurkuma
250 g frischer Spinat, ohne Stiele, in Streifen geschnitten und gewaschen
4 Frühlingszwiebeln, gehackt
Salz

GARNIERUNG

3 EL Pflanzen- oder Erdnussöl
1 TL Senfsamen
2 frische grüne Chillies, längs halbiert
1-cm-Stück Ingwerwurzel, sehr fein gehackt

PAALAK DAAL

Linsen mit Spinat

Die Linsen mit dem Wasser in einen großen Topf geben. Bei starker Hitze zum Kochen bringen. Die Hitze auf niedrigste Stufe reduzieren, das Wasser nach Bedarf abschäumen.

Wenn sich kein Schaum mehr bildet, Koriander, Kreuzkümmel, Asant und Kurkuma unterrühren. Die Linsen mit lose aufgelegtem Deckel 40 Minuten köcheln, bis sie sehr weich und nur noch von einer dünnen Schicht Flüssigkeit bedeckt sind.

Spinat und Frühlingszwiebeln unter die Linsen heben und unter häufigem Rühren weitere 5 Minuten mitköcheln, bis der Spinat zusammenfällt. Falls die Flüssigkeit verdampft ist, bevor der Spinat gar ist, noch etwas Wasser unterrühren. Das Gericht mit Salz abschmecken und in eine Servierschüssel geben.

Für die Garnierung das Öl in einem kleinen Topf auf hoher Stufe erhitzen. Senfsamen, Chillies und Ingwer zugeben und rühren, bis die Senfsamen platzen und die Chillies sich zu häuten beginnen. Das Öl mit den Gewürzen über die Linsen gießen.

TIPP

Die benötigte Wassermenge hängt vor allem davon ab, wie alt die Linsen sind, aber auch von der Größe des Topfs. Je älter die Linsen sind, desto länger müssen sie köcheln, um weich zu werden. Da man das Alter der Linsen beim Kauf nicht feststellen kann, müssen Sie eventuell noch Wasser zugeben und die Garzeit verlängern. Außerdem ist der Durchmesser des Topfs zu berücksichtigen: Je größer er ist, desto rascher verdampft das Wasser.

FÜR 4 PERSONEN

1 EL Pflanzen- oder Erdnussöl
1 EL Chiliöl
1 Zwiebel, gehackt
2 Knoblauchzehen, gehackt
2 EL rote Thai-Currypaste (s. S. 12)
1 kleiner Blumenkohl, in Röschen geteilt
175 g grüne Bohnen, in 7 cm lange Stücke geschnitten
150 ml Gemüsebrühe
2 EL thailändische Sojasauce
50 g geröstete Cashewkerne, zum Garnieren

PAD DORG-GA-LAM, TUA-KHÄG GAB MED-MA-MUANG

Blumenkohl und Bohnen mit Cashewkernen

Beide Öle in einem Wok erhitzen. Zwiebel und Knoblauch darin unter Rühren weich dünsten. Currypaste zugeben und 1–2 Minuten mitrühren.

Blumenkohl und Bohnen zugeben und unter Rühren 3–4 Minuten mitbraten, bis sie gerade weich werden. Brühe und Sojasauce zugießen und alles 1–2 Minuten köcheln. Mit den Cashewkernen garnieren und sofort servieren.

FÜR 4–6 PERSONEN

250 g Masoor Daal (halbierte rote Linsen), abgespült

175 g neue Kartoffeln, abgebürstet und fein gewürfelt

1 große Karotte, fein gewürfelt

1 grüne Paprika, fein gewürfelt

1 l Wasser

¼ TL gemahlene Kurkuma

¼ TL gemahlener Asant

1 EL Tamarindenpaste oder Tamarinden-Chutney

Salz

SAMBAR MASALA

3 getrocknete rote Chillies, entstielt

2 EL Koriandersamen

2 TL Kreuzkümmelsamen

2 TL schwarze Senfsamen

1 TL schwarze Pfefferkörner

1 TL Bockshornkleesamen

3 Gewürznelken

¼ TL gemahlene Kurkuma

½ TL gemahlener Asant

1½ TL Pflanzen- oder Erdnussöl

1½ EL Chana Daal (halbierte gelbe Linsen)

1 EL Kokosflocken

1½ EL Urid Daal Chilke (halbierte schwarze Linsen)

GARNIERUNG

1½ EL Pflanzen- oder Erdnussöl

12 frische oder 1 EL getrocknete Curryblätter

2 getrocknete rote Chillies

1 TL schwarze Senfsamen

SAAMBHAR
Sambhar

Die Masoor Daal in einer Schüssel mit Wasser bedecken und 30 Minuten einweichen. Zwischendurch das Wasser einmal wechseln.

Für das Sambar masala einen Kadhai, einen Wok oder eine große Pfanne auf mittlerer Stufe erhitzen. Chillies, Koriander-, Kreuzkümmel- und Senfsamen, Pfefferkörner, Bockshornkleesamen und Gewürznelken unter ständigem Rühren anrösten, bis sie zu duften beginnen und die Samen sich verfärben, aber nicht anbrennen. Kurkuma und Asant unterrühren und die Gewürze sofort in eine Schüssel umfüllen.

Die Pfanne zurück auf den Herd stellen und das Öl darin erhitzen. Chana Daal, Kokosflocken und Urid Daal Chilke unter Rühren 1 Minute leicht bräunen. Zu den Gewürzen geben. Die Gewürzmischung vollständig abkühlen lassen und dann in der Gewürzmühle oder im Mörser zu feinem Pulver zermahlen.

Die Masoor Daal abgießen. Linsen, Kartoffeln, Karotte und Paprika in einen Kadhai, einen Wok oder eine große Pfanne geben, mit dem Wasser bedecken und dieses zum Kochen bringen. Das Wasser nach Bedarf abschäumen, die Hitze auf niedrigste Stufe reduzieren, Kurkuma und Asant unterrühren und die Pfanne halb abdecken. Unter gelegentlichem Rühren 15–20 Minuten köcheln, bis Gemüse und Linsen gar sind, die Linsen aber noch nicht zerfallen. Die Tamarindenpaste und 2 Teelöffel Sambar masala unterrühren. Mit weiterem Masala und Salz abschmecken. Das Gericht bei schwacher Hitze kurz weiterköcheln lassen.

Für die Garnierung das Öl in einem großen Topf auf hoher Stufe erhitzen. Alle Zutaten hineingeben und unter Rühren kurz anbraten. Die Linsen in eine Servierschüssel geben und mit dem heißen Gewürzöl übergießen.

ERGIBT 16 STÜCK

2 EL Pflanzen- oder Erdnussöl
220 g Kartoffeln, in Würfeln und 5 Minuten gekocht
2 Knoblauchzehen, zerdrückt
1 Zwiebel, gehackt
2 EL grüne Thai-Currypaste (s. S. 12)
60 g Erbsen
Saft von 1 Limette
½ TL Salz
16 Wantan-Hüllen von 10 cm × 10 cm
1 Ei, verquirlt
Pflanzen- oder Erdnussöl zum Frittieren
süße Chilisauce oder Sojasauce, zum Servieren

BPÄNG GIAU HOR MAN-FA-RANG

Teigtaschen mit Kartoffelfüllung

Das Öl in einem Wok oder einer Pfanne erhitzen. Kartoffeln, Knoblauch, Zwiebel und Currypaste darin unter Rühren hellbraun anbraten. Erbsen, Limettensaft und Salz untermengen und alles unter Rühren weitere 1–2 Minuten garen. Vom Herd nehmen.

Ein Teigblatt mit Ei bestreichen. Einen kleinen Löffel Kartoffelfüllung in die Mitte geben. Die Seiten des Teigblatts hochklappen, sodass sie eine Art Beutel bilden, und fest zusammendrücken, um die Füllung gut einzuschließen. Dies mit den übrigen Teigblättern wiederholen.

Das Frittieröl im Wok erhitzen und die Teigtaschen darin portionsweise je 3–4 Minuten goldbraun frittieren. Auf Küchenpapier abtropfen lassen und warm stellen, bis alle Teigtaschen gegart sind. Heiß servieren, dazu ein Schüsselchen Chili- oder Sojasauce zum Dippen reichen.

FÜR 4–6 PERSONEN

250 g Urid Daal Sabut (ungeschälte schwarze Linsen)
120 g getrocknete Kidney-Bohnen
4 Knoblauchzehen, halbiert
4 schwarze Kardamomkapseln, leicht zerstoßen
2 Lorbeerblätter
1 Zimtstange
120 g Butter
1½ EL Knoblauch-Ingwer-Paste (s. S. 13)
2 EL Tomatenmark
½ TL Chilipulver
1 Prise Zucker
Salz
150 g Crème fraîche
frische Korianderzweige, zum Garnieren

MAAH KI DAAL
Schwarze Linsen

Linsen und Bohnen in 2 separate Schüsseln geben, mit reichlich Wasser bedecken und mindestens 3 Stunden oder über Nacht einweichen. Knoblauchzehen, Kardamomkapseln, Lorbeerblätter und Zimtstange in Musselin einwickeln.

Linsen und Bohnen getrennt abgießen. Die Bohnen mit dem doppelten Volumen Wasser in einen Kadhai, einen Wok oder einen großen Topf geben und zum Kochen bringen, 10 Minuten kochen, dann gründlich abtropfen lassen. Die Bohnen zurück in den Topf geben, die schwarzen Linsen zugeben und mit dem doppelten Volumen Wasser bedecken. Den Gewürzbeutel zugeben und das Wasser bei starker Hitze zum Kochen bringen. Die Hitze reduzieren und die Hülsenfrüchte auf niedriger Stufe mit lose aufgelegtem Deckel 3 Stunden köcheln, dabei das Wasser nach Bedarf abschäumen, bis Bohnen und Linsen sehr weich und zu einer dicken Paste eingekocht sind. Die Hülsenfrüchte während des Köchelns alle 15 Minuten mit einem Holzlöffel oder Kartoffelstampfer an der Seite des Topfs zerdrücken.

Wenn die Hülsenfrüchte fast fertig gegart sind, den Gewürzbeutel herausnehmen und abkühlen lassen. Die Butter in einem kleinen Topf zerlassen. Die Knoblauch-Ingwer-Paste zugeben und 1 Minute rühren. Tomatenmark, Chilipulver, Zucker und nach Belieben Salz unterrühren und 2–3 Minuten köcheln. Den abgekühlten Gewürzbeutel über dem Topf mit den Hülsenfrüchten gut ausdrücken. Die Butter-Gewürzmischung und die Crème fraîche bis auf 2 Esslöffel unter die Hülsenfrüchte rühren. Das Gericht kurz aufkochen, dann bei reduzierter Hitze unter gelegentlichem Rühren weitere 10 Minuten köcheln. Das Gericht in eine Servierschüssel geben und vor dem Servieren mit der restlichen Crème fraîche und dem Koriander garnieren.

FÜR 4 PERSONEN

2 EL Pflanzen- oder Erdnussöl
2 rote Zwiebeln, in Ringe geschnitten
2 Knoblauchzehen, fein gehackt
5-cm-Stück frische Ingwerwurzel, fein gehackt
1 rote Chili, entkernt und gehackt
1 EL rote Thai-Currypaste (s. S. 12)
220 g Kartoffeln, in Würfel geschnitten, 5 Minuten gekocht und abgetropft
2 rote Paprika, in Würfeln
300 ml Gemüsebrühe
1 TL Salz
4 EL frisch gehackter Koriander

GÄNG PED MAN-FA-RANG SAI HORM-JAI GAB PRIG-JUAG

Kartoffel-Curry

Das Öl in einem Wok oder einer großen Pfanne erhitzen. Zwiebeln, Knoblauch, Ingwer und Chili darin 3 Minuten unter Rühren anbraten. Currypaste zugeben und bei schwacher Hitze weitere 2–3 Minuten rühren.

Kartoffeln, Paprika, Brühe und Salz zugeben und alles 3–4 Minuten köcheln, bis das Gemüse weich ist. Koriander unterrühren und sofort servieren.

FÜR 4–6 PERSONEN

2 EL Pflanzen- oder Erdnussöl
1 TL Senfsamen
200 g Schalotten, gehackt
1 EL Knoblauch-Ingwer-Paste (s. S. 13)
12 frische oder 1 EL getrocknete Curryblätter
2 getrocknete rote Chillies
2 frische grüne Chillies, gehackt (nach Belieben entkernt)
½ TL gemahlener Koriander
½ TL gemahlene Kurkuma
8 große, feste, reife Tomaten (à 600 g), gewürfelt
1½ EL Tomatenmark
300 g Naturjoghurt
Salz
frisch gehackte Minze und ein Minzezweig, zum Garnieren

TAMATAR KA RAITA

Scharfes Tomaten-Raita

Das Öl in einem Kadhai, einem Wok oder einer großen Pfanne auf mittlerer Stufe erhitzen. Die Senfsamen zugeben und so lange rühren, bis sie platzen.

Schalotten und Knoblauch-Ingwer-Paste zugeben und 5 Minuten mitrühren, bis sich die Schalotten goldgelb färben.

Curryblätter, getrocknete Chillies, grüne Chillies, Koriander und Kurkuma zugeben, die Hitze reduzieren und alles 30 Sekunden rühren.

Tomaten und Tomatenmark zugeben und alles 5 Minuten unter gelegentlichem Rühren garen, ohne dass die Tomaten dabei völlig zerfallen.

Die Pfanne vom Herd nehmen. Den Joghurt nach und nach einrühren. Das Gericht mit Salz abschmecken. Die Pfanne abdecken und 2–3 Minuten ruhen lassen, dann noch einmal vorsichtig durchrühren. Mit frischer Minze garnieren.

TIPP

Manche Joghurtsorten schmecken säuerlicher als andere. Wenn Ihnen das Gericht zu sauer ist, können Sie etwas braunen Rohrzucker untermischen.

FÜR 4 PERSONEN

- Pflanzen- oder Erdnussöl, zum Frittieren
- 220 g schnittfester Tofu, abgetropft und in Würfeln
- 2 EL Pflanzen- oder Erdnussöl
- 1 EL Chiliöl
- 2 frische grüne Chillies, entkernt und in Ringe geschnitten
- 2 Knoblauchzehen, zerdrückt
- 6 Frühlingszwiebeln, in Ringe geschnitten
- 2 Zucchini, in Stiften
- ½ Gurke, geschält, entkernt und in Scheiben
- 1 grüne Paprika, in Streifen geschnitten
- 1 Brokkoli, in Röschen
- 60 g grüne Bohnen, halbiert
- 60 g Erbsen
- 300 ml Gemüsebrühe
- 60 g Kokoscreme, in Würfeln
- 2 EL thailändische Sojasauce
- 1 TL Palmzucker oder brauner Zucker
- 4 EL frisch gehackte Petersilie, zum Garnieren

GÄNG KHIAU WAHN PAG GAB DTAU-HU

Grünes Gemüse mit Tofu

Das Frittieröl in einer tiefen Pfanne erhitzen, die Tofuwürfel vorsichtig portionsweise hineingeben und 2–3 Minuten goldbraun frittieren. Mit einem Schaumlöffel herausheben und auf Küchenpapier abtropfen lassen.

Die übrigen Öle in einem Wok erhitzen und Chillies, Knoblauch und Frühlingszwiebeln darin 2–3 Minuten unter Rühren anbraten. Zucchini, Gurke, Paprika, Brokkoli und Bohnen zugeben und alles unter Rühren weitere 2–3 Minuten braten.

Erbsen, Brühe, Kokoscreme, Sojasauce und Zucker zugeben. Abgedeckt 2–3 Minuten köcheln, bis das Gemüse weich ist und die Kokoscreme aufgelöst ist.

Die Tofuwürfel unterheben, das Gemüse mit Petersilie bestreuen und sofort servieren.

FÜR 4–6 PERSONEN

- ½ frische Kokosnuss (etwa 125 g Kokosfleisch)
- 1 frische grüne Chili, entkernt und gehackt
- 1 ½ TL Zucker
- 1 TL gemahlener Koriander
- ¾ TL gemahlener Kreuzkümmel
- ¼ TL Chilipulver
- 2 Lorbeerblätter
- 2 EL Ghee, Pflanzen- oder Erdnussöl
- 600 g Kürbis, geschält, entkernt und grob geraspelt
- 1 TL Garam masala

KADDU AUR NARIYAL KI SABZI

Würziger Kürbis mit Kokosnuss

Bei Verwendung einer frischen Kokosnuss mit Hammer und Nagel ein Loch in ein „Auge" der Kokosnuss schlagen und das Kokoswasser in eine Schüssel laufen lassen. Kokoswasser abmessen und, falls notwendig, mit Wasser auf 250 ml auffüllen. Chili, Zucker, Koriander, Kreuzkümmel, Chilipulver und Lorbeerblätter unter die Kokosflüssigkeit rühren und beiseitestellen.

Die Kokosnuss mit dem Hammer aufschlagen, die Hälfte des Kokosfleischs herauslösen und grob raspeln oder in der Küchenmaschine grob zerkleinern (die andere Hälfte für ein anderes Rezept aufbewahren).

Das Ghee in einem Kadhai, einem Wok oder einer großen Pfanne bei mittlerer Hitze zerlassen. Den Kürbis zugeben und 1 Minute rühren. Die geraspelte Kokosnuss zugeben und rühren, bis die Mischung zu bräunen beginnt.

Das Kokoswasser unterrühren. Die Hitze erhöhen und alles unter Rühren weitergaren, bis nur noch 4 Esslöffel Flüssigkeit übrig sind. Mit Garam masala bestreuen und weiterrühren, bis die Flüssigkeit vollständig verdampft ist. Sofort servieren.

TIPP

Die Kokosnuss vor dem Kauf schütteln. Wenn sie viel Kokoswasser enthält, ist sie frisch. Statt frischer Kokosnuss können Sie auch 125 g getrocknete Kokosflocken nehmen und statt des Kokoswassers 125 g Kokoscreme, in 250 ml kochend heißem Wasser aufgelöst.

FÜR 4 PERSONEN

2 EL Pflanzen- oder Erdnussöl
1 frische grüne Chili, entkernt und gehackt
6 Frühlingszwiebeln, in Ringe geschnitten
3 EL grüne Thai-Currypaste (s. S. 12)
120 g Pak Choi
120 g Chinakohl
120 g Spinat
120 g grüner Spargel
3 Selleriestangen, schräg in Scheiben geschnitten
3 EL thailändische Sojasauce
1 TL Palmzucker oder brauner Zucker
Saft von 1 Limette
gekochter Jasminreis, zum Servieren

GÄNG KHIAU WAHN SAI PAG RUAM-MIT
Grünes Curry-Gemüse

Das Öl in einem Wok oder einer großen Pfanne erhitzen. Chili und Frühlingszwiebeln darin 2 Minuten unter Rühren anbraten. Currypaste zugeben und unter Rühren 2–3 Minuten mitgaren.

Pak Choi, Chinakohl, Spinat, Spargel und Sellerie zugeben und unter Rühren 3–4 Minuten mitbraten, bis das Gemüse gerade weich ist.

Sojasauce, Zucker und Limettensaft zugeben und 30 Sekunden miterhitzen. Mit Jasminreis servieren.

FÜR 4–6 PERSONEN
100 g Cashewkerne
1½ EL Knoblauch-Ingwer-Paste (s. S. 13)
200 ml Wasser
4 EL Ghee, Pflanzen- oder Erdnussöl
1 große Zwiebel, gehackt
5 grüne Kardamomkapseln, leicht zerstoßen
1 Zimtstange, halbiert
¼ TL gemahlene Kurkuma
250 g Crème double
150 g neue Kartoffeln, abgebürstet, in 1 cm großen Würfeln
150 g Blumenkohlröschen
½ TL Garam masala
150 g Aubergine, gewürfelt
150 g grüne Bohnen, in 1 cm langen Stücken
Salz und Pfeffer
frisch gehackte Minze- oder Korianderblätter, zum Garnieren

SABZI KA KORMA
Gemüse-Korma

Einen Bräter oder eine große Pfanne mit dicht schließendem Deckel auf hoher Stufe erhitzen. Die Cashewkerne hineingeben und rühren, bis sie gerade zu bräunen beginnen, dann sofort herausnehmen.

Die Cashewkerne mit der Knoblauch-Ingwer-Paste und 1 Esslöffel Wasser in der Küchenmaschine zu einer grobkörnigen Paste verarbeiten.

Das Ghee in der Pfanne bei mittlerer Hitze zerlassen. Die Zwiebel zugeben und 5–8 Minuten anbraten, bis sie gebräunt ist.

Die Cashewkern-Paste zugeben und 5 Minuten unter Rühren mitbraten. Kardamomkapseln, Zimtstange und Kurkuma unterrühren.

Die Crème double und das restliche Wasser zugeben und unter Rühren aufkochen. Die Hitze reduzieren und alles auf niedrigster Stufe 5 Minuten köcheln.

Kartoffeln, Blumenkohl und Garam masala zugeben und abgedeckt 5 Minuten mitköcheln. Aubergine und grüne Bohnen zufügen und alles weitere 5 Minuten köcheln, bis das Gemüse gar ist. Gelegentlich rühren, um sicherzugehen, dass die Sauce nicht am Pfannenboden ansetzt. Falls notwendig, mehr Wasser einrühren.

Vor dem Servieren mit Salz und Pfeffer abschmecken und mit Minze oder Koriander garnieren.

Beilagen und Salate

FÜR 3–4 PERSONEN
225 g Reis
kaltes Wasser

SI MIU BAAK FAAN
Gedämpfter Reis

Den Reis waschen und in einen Topf geben. Dieselbe Menge an Wasser und etwas mehr zufügen, sodass es den Reis gut bedeckt. Zum Kochen bringen, ein sauberes Geschirrtuch auflegen und mit dem Deckel fest verschließen. Der Deckel sollte bis zum Ende der Garzeit nicht abgehoben werden. Den Herd ausschalten und den Reis etwa 15 Minuten im eigenen Dampf weitergaren. Die Reiskörner sollten am Ende gar sein, aber nicht zusammenkleben.

Tipp
Die Angaben gelten für gewöhnlichen Langkornreis wie Jasminreis. Basmatireis benötigt etwas mehr Wasser und eine geringfügig längere Garzeit.

FÜR 4–6 PERSONEN

225 g Basmatireis

2 EL Ghee, Pflanzen- oder Erdnussöl

1 TL Schwarzkümmelsamen

450 ml Wasser

fein abgeriebene Schale und Saft von 1 großen Zitrone

1 ½ TL Salz

¼ TL gemahlene Kurkuma

NIMBU BHAAT

Zitronenreis

Den Basmatireis unter fließend kaltem Wasser waschen, bis das Wasser klar bleibt. Mit Wasser bedeckt 30 Minuten einweichen. Abgießen und beiseitestellen.

Das Ghee in einem großen Schmortopf mit dicht schließendem Deckel bei mittlerer Hitze zerlassen. Reis und Schwarzkümmelsamen zugeben und kurz rühren, bis die Reiskörner mit Ghee überzogen sind. Das Wasser zugießen und zum Kochen bringen.

Die Hitze auf niedrigste Stufe reduzieren, die Hälfte des Zitronensafts sowie Salz und Kurkuma unterrühren und den Deckel auflegen. 8–10 Minuten köcheln, ohne den Deckel zu öffnen, bis der Reis gar und die gesamte Flüssigkeit aufgesogen ist.

Den Topf vom Herd nehmen. Die Zitronenschale und den übrigen Zitronensaft mit 2 Gabeln unter den Reis mischen. Alles nochmals abschmecken. Den Deckel auflegen und den Reis 5 Minuten ziehen lassen.

TIPP

Dieser Zitronenreis schmeckt auch mit Cashewkernen angereichert sehr lecker: Nach Zerlassen des Ghee 60 g Cashewkerne zugeben und 30 Sekunden unter Rühren leicht anbräunen, dann sofort mit einem Schaumlöffel aus dem Topf nehmen, damit sie nicht anbrennen. Zusammen mit dem Reis und dem Schwarzkümmel 1 Teelöffel Bockshornklee-samen zugeben, dann fortfahren wie oben beschrieben. Die Cashewkerne mit Zitronenschale und -saft untermengen. Den Reis mit frischer Minze garniert servieren.

FÜR 4 PERSONEN
2 EL Pflanzen- oder Erdnussöl
350 g gegarter Reis, gekühlt
1 Ei, gut verquirlt

DAAN FA CHAAU FAAN

Gebratener Reis mit Ei

Das Öl im vorgeheizten Wok oder in einer tiefen Pfanne erhitzen und den Reis 1 Minute darin unter Rühren braten; ihn dabei so gut wie möglich in einzelne Körner auflockern.

Das Ei rasch unterrühren, sodass die Reiskörner gleichmäßig überzogen werden und nicht mehr zusammenkleben. Sofort servieren.

TIPP
Der Reis sollte nach Möglichkeit schon vor dem Braten aufgelockert werden, damit sich das Gericht leichter zubereiten lässt.

FÜR 4 PERSONEN

3 EL Ghee, Pflanzen- oder Erdnussöl
1 Zwiebel, in feinen Ringen
500 g Okras, Stielansätze abgeschnitten
1 oder 2 frische grüne Chillies, in Ringen (nach Belieben entkernt)
2 TL gemahlener Kreuzkümmel
Salz und Pfeffer
¼ TL Garam masala
Zitronenspalten, zum Servieren

BHINDI KI SABZI
Gebratene Okras

Das Ghee in einem Kadhai, einem Wok oder einer großen Pfanne bei mittlerer Hitze zerlassen. Die Zwiebel zugeben und unter häufigem Rühren 2 Minuten anbraten.

Okras, Chillies, Kreuzkümmel und nach Belieben Salz und Pfeffer zugeben. Alles unter Rühren 5 Minuten braten.

Mit dem Garam masala bestreuen und noch 2 Minuten unter Rühren braten, bis die Okras gar, aber noch knackig sind. Mit den Zitronenspalten servieren.

Variation
Als Abwandlung können Sie mit den Okras und den Chillies 2 entkernte, klein gewürfelte Tomaten zugeben oder die Pfanne, nachdem die Okras gar sind, vom Herd nehmen und nach und nach unter ständigem Rühren 250 g Naturjoghurt untermischen.

FÜR 4–6 PERSONEN

280 g grüne Bohnen, in 6 cm langen Stücken

1 EL Pflanzen- oder Erdnussöl

1 rote Paprika, in feine Streifen geschnitten

1 Prise Salz

1 Prise Zucker

DANG LUNG JIU CHAAU DAU GO

Grüne Bohnen mit roter Paprika

Die Bohnen in einem großen Topf mit kochendem Wasser 10 Minuten kochen, dann abtropfen lassen.

Das Öl im vorgeheizten Wok oder in einer tiefen Pfanne erhitzen und die Bohnen darin bei starker Hitze 1 Minute unter Rühren braten. Die Paprikastreifen zugeben und 1 weitere Minute pfannenrühren. Mit Salz und Zucker bestreuen und servieren.

TIPP

Schlangenbohnen werden traditionell mit Ei, schwarzen Bohnen oder mit einer zweiten Gemüsesorte serviert.

FÜR 4–6 PERSONEN
4 EL Ghee, Pflanzen- oder Erdnussöl
½ EL Kreuzkümmelsamen
1 Zwiebel, gehackt
4-cm-Stück frische Ingwerwurzel, fein gehackt
1 frische grüne Chili, entkernt und in feinen Ringen
500 g Blumenkohl, in kleine Röschen geteilt
500 g große, fest kochende Kartoffeln, geschält und grob gewürfelt
½ TL gemahlener Koriander
½ TL Garam masala
Salz
frische Korianderzweige, zum Garnieren

ALOO GOBHI
Aloo gobi

Das Ghee in einer großen Pfanne oder einem Bräter mit dicht schließendem Deckel bei mittlerer Hitze zerlassen. Die Kreuzkümmelsamen zugeben und 30 Sekunden rühren, bis sie knistern und zu bräunen beginnen.

Dann sofort Zwiebel, Ingwer und Chili zugeben und 5–8 Minuten unter Rühren braten, bis die Zwiebel gebräunt ist.

Zuerst Blumenkohl und Kartoffeln, dann Koriander, Garam masala und nach Belieben Salz unterheben und alles 30 Sekunden unter Rühren anbraten.

Den Deckel auflegen, die Hitze auf niedrigste Stufe reduzieren und das Gericht unter gelegentlichem Rühren 20–30 Minuten dünsten, bis das Gemüse weich ist. Ab und zu kontrollieren, ob das Gemüse am Pfannenboden anbackt und, falls notwendig, etwas Wasser einrühren.

Das Gericht nochmals abschmecken und mit Koriander garnieren.

TIPP
Um dem Gericht eine goldgelbe Farbe zu verleihen, können Sie zusammen mit den anderen gemahlenen Gewürzen ¼ Teelöffel Kurkuma zugeben.

ERGIBT ETWA 8 STÜCK

120 g Basmatireis, abgespült

70 g halbierte schwarze Linsen (Urid Daal Chilke)

¼ TL Bockshornkleesamen

150 ml Wasser

Salz

2 EL Ghee, zerlassen, Pflanzen- oder Erdnussöl

DOSA

Dosa

Einen Topf mit gesalzenem Wasser zum Kochen bringen. Den Basmatireis zugeben, 5 Minuten kochen und abgießen. Reis, Linsen und Bockshornklee in einer Schüssel mit Wasser bedecken und über Nacht einweichen.

Am nächsten Tag Reis und Linsen in ein Sieb abgießen; das Einweichwasser aufbewahren. Reis und Linsen in einer Küchenmaschine mit 75 ml des Einweichwassers zu feinem Brei verarbeiten. Nach und nach noch 75 ml des Einweichwassers zugeben. Ein Geschirrtuch in heißes Wasser eintauchen, auswringen und über die Schüssel mit dem Teig legen. Diesen an einem warmen Ort 5–6 Stunden gären lassen, bis sich auf der Oberfläche kleine Bläschen bilden.

Die Teigmischung durchrühren und so viel Wasser zugeben, dass sie die Konsistenz flüssiger Sahne annimmt. Mit Salz abschmecken.

Eine große Pfanne so stark erhitzen, dass ein Wassertropfen auf der heißen Fläche zu „tanzen" beginnt. Die heiße Pfanne mit zerlassenem Ghee einfetten. Einen Schöpflöffel Teig in die Mitte der Pfanne geben und den Teig mit der Unterseite des Löffels kreisförmig möglichst dünn verteilen. Den Pfannkuchen 2 Minuten backen, bis die Unterseite knusprig goldbraun ist.

Den Pfannkuchen wenden und von der anderen Seite weitere 2 Minuten backen. Aus der Pfanne nehmen und gegebenenfalls warm stellen, um ihn später zu füllen, oder abkühlen lassen. So fortfahren, bis der ganze Teig aufgebraucht ist.

ERGIBT 12 STÜCK

225 g Vollkornmehl, gesiebt, plus etwas mehr zum Bestäuben
½ TL Salz
2 EL Ghee, zerlassen, Pflanzen- oder Erdnussöl
100–150 ml Wasser
Pflanzen- oder Erdnussöl, zum Frittieren

PURI

Puri

Mehl und Salz in eine Schüssel geben und mit dem Ghee beträufeln. Nach und nach so viel Wasser unterrühren, dass ein fester Teig entsteht.

Den Teig auf eine leicht bemehlte Arbeitsfläche geben und 10 Minuten durchkneten, bis er glatt und geschmeidig ist. Den Teig zu einer Kugel formen, in eine saubere Schüssel geben, mit einem feuchten Geschirrtuch abdecken und 20 Minuten ruhen lassen.

Den Teig in 12 gleiche Portionen teilen und diese zu Kugeln formen. Eine Teigkugel zwischen den Händen flach drücken, dann auf einer leicht bemehlten Arbeitsfläche zu einem Fladen von 13 cm Durchmesser ausrollen. Alle Teigkugeln so ausrollen.

Mindestens 7 cm hoch Öl in einem Kadhai, einem Wok, einer Fritteuse oder einer großen, tiefen Pfanne auf 180 °C erhitzen (ein Brotwürfel bräunt darin in 30 Sekunden). Einen Fladen ins heiße Öl geben und 10 Sekunden frittieren, bis er sich aufbläht. Den Fladen mit einer Küchenzange wenden und etwas heißes Öl über die Oberseite löffeln.

Den Fladen mit einer Küchenzange aus dem Öl nehmen; überschüssiges Öl in die Pfanne abtropfen lassen. Den Fladen kurz auf Küchenpapier entfetten und dann sofort servieren. So fortfahren, bis alle Puris frittiert sind, dabei bei Bedarf das Öl zwischendurch wieder auf die richtige Temperatur bringen.

ERGIBT 10 STÜCK

900 g Mehl
1 EL Backpulver
1 TL Zucker
1 TL Salz
300 ml Wasser, auf 50 °C erwärmt
1 Ei, verquirlt
4 EL Ghee, zerlassen, Pflanzen- oder Erdnussöl, plus etwas mehr zum Ausrollen und Bestreichen

NAAN
Naan

Mehl, Backpulver, Zucker und Salz in eine große Rührschüssel sieben und eine Mulde in die Mitte drücken. Das Wasser und das Ei gründlich miteinander verquirlen. Die Wasser-Ei-Mischung nach und nach in die Mulde im Mehl geben und mit den Fingern in das Mehl einarbeiten, bis ein schwerer, fester Teig entsteht. Den Teig zu einer Kugel formen und zurück in die Schüssel geben. Ein sauberes Geschirrtuch in heißes Wasser eintauchen, auswringen, über die Schüssel legen und die Enden des Tuchs unter die Schüssel schlagen. Den Teig 30 Minuten ruhen lassen.

Die Teigkugel auf eine mit etwas zerlassenem Ghee eingefettete Arbeitsfläche geben und flach drücken. Den Teig nach und nach mit dem zerlassenen Ghee beträufeln und gut durchkneten, um das Ghee portionsweise einzuarbeiten. Den Teig in 10 gleich große Portionen teilen und diese zu Kugeln formen. Das Geschirrtuch erneut in heißem Wasser einweichen, auswringen und über die Teigkugeln legen. Die Teigkugeln 1 Stunde ruhen und gehen lassen.

Inzwischen den Backofen auf 230 °C vorheizen und 1 oder 2 Backbleche in den Ofen schieben.

Die Teigkugeln mit einem leicht gefetteten Nudelholz zu ovalen, 3 mm dicken Fladen ausrollen. Die heißen Backbleche mit etwas Ghee einfetten. Die Fladen auf die Backbleche legen und 5–6 Minuten backen, bis sie leicht aufgegangen und goldbraun sind. Die Naan-Fladen aus dem Ofen nehmen, mit etwas zerlassenem Ghee bestreichen und sofort servieren.

TIPP

Eine köstliche Variation ist Naan mit Knoblauch und Schwarzkümmel: Die Teigfladen unmittelbar vor dem Backen mit 3 in sehr feine Scheibchen geschnittenen Knoblauchzehen und 2 Esslöffeln Schwarzkümmelsamen bestreuen.

ERGIBT 8 STÜCK

250 g Vollkornmehl, gesiebt, plus etwas mehr zum Bestäuben

½ TL Salz

150–200 ml Wasser

150 g Ghee, zerlassen, Pflanzen- oder Erdnussöl

PARATHA

Paratha

Mehl und Salz in einer großen Schüssel mischen und eine Mulde in die Mitte drücken. Nach und nach so viel Wasser unterrühren, dass ein fester Teig entsteht. Den Teig auf eine leicht bemehlte Arbeitsfläche geben und 10 Minuten durchkneten, bis er glatt und geschmeidig ist. Den Teig zu einer Kugel formen, in eine saubere Schüssel geben, mit einem feuchten Geschirrtuch abdecken und 20 Minuten ruhen lassen.

Den Teig in 8 gleiche Portionen teilen und diese mit leicht bemehlten Händen zu Kugeln formen. Eine Teigkugel auf einer leicht bemehlten Arbeitsfläche zu einem sehr dünnen Fladen von 13 cm Durchmesser ausrollen. Die Oberseite des Teigfladens mit 1½ Teelöffeln zerlassenem Ghee bestreichen. Den Teigfladen in der Mitte falten und den Halbkreis wiederum mit zerlassenem Ghee bestreichen, dann nochmals falten, sodass ein Dreieck entsteht.
Die Lagen fest aufeinanderdrücken. Das Dreieck auf einer leicht bemehlten Arbeitsfläche zu einem größeren Dreieck von 18 cm Kantenlänge ausrollen. Das Teigdreieck ein paarmal zwischen den Händen hin- und herwerfen, dann mit einem feuchten Tuch abdecken und so fortfahren, bis alle 8 Teigdreiecke ausgerollt sind.

Eine Brat- oder Crêpepfanne ohne Fett stark erhitzen, bis ein Wassertropfen auf der heißen Platte zu „tanzen“ beginnt. Einen dreieckigen Paratha-Fladen in die Pfanne geben und so lange backen, bis er an der Oberseite Blasen wirft. Den Paratha-Fladen mit der Küchenzange wenden und die Oberseite mit zerlassenem Ghee bestreichen. Den Fladen so lange backen, bis die Unterseite goldbraun ist, dann wenden und nochmals mit zerlassenem Ghee bestreichen. Den Fladen mit einem Holzlöffel auf den Pfannenboden drücken, damit er gleichmäßig bräunt. Nochmals mit Ghee bestreichen und servieren, dann die übrigen Parathas backen.

ERGIBT 6 STÜCK

250 g Vollkornmehl, gesiebt, plus etwas mehr zum Bestäuben

½ TL Salz

150–200 ml Wasser

zerlassenes Ghee, Pflanzen- oder Erdnussöl, zum Bestreichen

CHAPATI

Chapati

Mehl und Salz in einer Schüssel mischen und eine Mulde in die Mitte drücken. Nach und nach so viel Wasser unterrühren, dass ein fester Teig entsteht. Den Teig auf einer leicht bemehlten Arbeitsfläche 10 Minuten durchkneten, bis er glatt und geschmeidig ist. Zu einer Kugel formen, in eine saubere Schüssel geben, mit einem feuchten Geschirrtuch abdecken und 20 Minuten ruhen lassen.

Den Teig in 6 gleiche Portionen teilen. Diese mit leicht bemehlten Händen zu Kugeln formen. Eine große Tawa, Brat- oder Crêpepfanne ohne Fett auf hoher Stufe erhitzen, bis ein Wassertropfen auf der heißen Fläche „tanzt". Eine Teigkugel zwischen den Händen flach drücken und auf einer leicht bemehlten Arbeitsfläche zu einem Fladen von 18 cm Durchmesser ausrollen. Den Fladen in die heiße Pfanne legen, so lange backen, bis sich braune Flecken auf der Unterseite bilden, wenden und von der anderen Seite backen.

Den Fladen erneut wenden und den Rand mit einem zusammengelegten Geschirrtuch rundum an den Pfannenboden drücken. Dadurch wird der Dampf im Teig verteilt und die Fladen blähen etwas auf. So lange backen, bis die Unterseite goldbraun ist, dann wenden und von der anderen Seite wiederholen.

Den Chapati mit etwas zerlassenem Ghee bestreichen und servieren. Den Vorgang mit dem übrigen Teig wiederholen. Chapatis werden am besten direkt aus der Pfanne serviert, können aber gegebenenfalls bis zu 20 Minuten in Alufolie warm gehalten werden.

TIPP

Die Chapatis nicht häufiger wenden als oben beschrieben, sonst gehen sie nicht richtig auf und werden zu schwer.

ERGIBT ETWA 250 G

1 große Mango von 400 g, geschält, entsteint und fein gehackt
2 EL Limettensaft
1 EL Pflanzen- oder Erdnussöl
2 Schalotten, fein gehackt
1 Knoblauchzehe, fein gehackt
2 frische grüne Chillies, entkernt und in feinen Ringen
1 TL schwarze Senfsamen
1 TL Koriandersamen
5 EL Palmzucker oder brauner Rohrzucker
5 EL Weißweinessig
1 TL Salz
1 Prise gemahlener Ingwer

AAM KI CHUTNEY

Mango-Chutney

Die Mango in einer Schüssel mit dem Limettensaft mischen und beiseitestellen.

Das Öl in einer großen Pfanne auf mittlerer Stufe erhitzen. Die Schalotten zugeben und 3 Minuten andünsten. Knoblauch und Chillies zugeben und weitere 2 Minuten mitrühren, bis die Schalotten glasig, aber nicht gebräunt sind. Die Senf- und Koriandersamen zugeben und mitrühren.

Mango, Palmzucker, Essig, Salz und Ingwer mit in die Pfanne geben und verrühren. Die Hitze auf niedrigste Stufe reduzieren und alles 10 Minuten köcheln, bis die Flüssigkeit eindickt und die Mango klebrig weich wird.

Vom Herd nehmen und gut abkühlen lassen. Vor der Verwendung 3 Tage in einem luftdicht verschlossenen Behälter kalt stellen. Danach hält sich das Chutney im Kühlschrank noch 1 Woche.

ERGIBT ETWA 225 GRAMM

1½ EL Zitronensaft

1½ EL Wasser

50 g Korianderblätter und -wurzeln, grob gehackt

2 EL frisch gehacktes Kokosfleisch

1 kleine Schalotte, sehr fein gehackt

5-mm-Stück frische Ingwerwurzel, gehackt

1 frische grüne Chili, entkernt und gehackt

½ TL Zucker

½ TL Salz

1 Prise Pfeffer

200

HARE DHANIYE KI CHUTNEY

Koriander-Chutney

Zitronensaft, Wasser und die Hälfte des Korianders im Mixer oder mit dem Pürierstab zu einer dünnen Paste verarbeiten. Nach und nach den restlichen Koriander hinzufügen und glatt pürieren. Dabei das Chutney gelegentlich von den Gefäßwänden nach unten kratzen.

Falls die Menge zu gering für Ihren Mixer ist, die Zutaten im Mörser mit dem Stößel zerreiben. Den Koriander dabei in kleinen Mengen dazugeben.

Die restlichen Zutaten hinzufügen und weiterpürieren, bis alle Zutaten sehr fein gehackt und gemischt sind. Abschmecken. Das Chutney in ein nicht metallisches Gefäß umfüllen, mit Frischhaltefolie abdecken und vor dem Servieren bis zu 3 Tage im Kühlschrank ziehen lassen.

Variante

Für eine erfrischende Koriander-Raita 300 g Naturjoghurt mit dem Chutney verrühren und mindestens 1 Stunde kühlen. Vor dem Servieren mit reichlich frisch gehacktem Koriander bestreuen.

FÜR 4–6 PERSONEN

- 1 großes Stück Gurke von 300 g
- 1 TL Salz
- 400 g Naturjoghurt
- ½ TL Zucker
- 1 Prise gemahlener Kreuzkümmel
- 2 EL frisch gehackte Koriander- oder Minzeblätter
- Chilipulver, zum Garnieren

RAITA

Raita

Ein sauberes Geschirrtuch flach auf einer Arbeitsfläche ausbreiten. Die ungeschälte Gurke auf das Geschirrtuch raspeln. ½ Teelöffel Salz darüberstreuen, die Gurkenraspel fest in das Tuch einschlagen und die überschüssige Feuchtigkeit ausdrücken.

Den Joghurt in eine Schüssel geben. Das restliche Salz zusammen mit dem Zucker und dem Kreuzkümmel unterrühren. Die Gurke untermengen. Das Raita nochmals abschmecken, dann abdecken und bis zum Servieren kalt stellen.

Den gehackten Koriander unterrühren und das Raita in eine Servierschüssel umfüllen. Mit Chilipulver garniert servieren.

Tipp

Als Variationsmöglichkeit können Sie zusammen mit dem Koriander bzw. der Minze 2 entkernte, fein gehackte Tomaten oder 4 fein gehackte Frühlingszwiebeln untermengen.
Sie können das Raita auch nach Belieben mit gemahlenem Koriander oder Ingwer würzen.
Um ein Bananen-Raita zuzubereiten, 3 Bananen in Scheiben schneiden und unter den Joghurt heben, dann 2 entkernte und gehackte grüne Chillies und 1 Esslöffel Garam masala unterrühren. Nach Belieben noch etwas Zitronenschale und -saft zugeben. Abdecken und bis zum Servieren kalt stellen; unmittelbar vor dem Servieren den frisch gehackten Koriander bzw. die Minze unterrühren.

FÜR 4 PERSONEN
4 EL Pflanzen- oder Erdnussöl
1 Bund Frühlingszwiebeln, gehackt
220 g frischer Spinat, gewaschen
½ kleiner Kohlkopf (beliebige Sorte), in Streifen
220 g Pak Choi, je nach Größe halbiert oder geviertelt
175 g chinesischer Brokkoli
1 kleiner Chinakohl, in Streifen
einige frische Thai-Basilikumzweige
2 frische rote Chillies, entkernt und gehackt
2 EL Austernsauce
1 TL Palmzucker oder brauner Zucker
1 EL Sesamöl
2 EL Sesamsaat, trocken geröstet

PAD PAG RUAM-MIT

Warmer grüner Salat

2 Esslöffel Öl in einem Wok oder einer großen Pfanne erhitzen. Frühlingszwiebeln, Spinat, alle Kohlsorten, Basilikum und Chillies rasch unter Rühren anbraten, bis das Blattgemüse gerade zusammenfällt. In eine Servierschüssel geben.

Austernsauce, Zucker, das übrige Pflanzenöl und das Sesamöl vermengen und über den Salat gießen.

Den warmen Salat mit dem gerösteten Sesam bestreuen und sofort servieren.

FÜR 4–6 PERSONEN
500 g Karotten, geschält
1 EL Pflanzen- oder Erdnussöl
½ EL schwarze Senfsamen
½ EL Kreuzkümmelsamen
1 frische grüne Chili, entkernt und gehackt
½ TL Zucker
½ TL Salz
1 Prise gemahlene Kurkuma
1½–2 EL Zitronensaft

GAJAR NU SALAT
Gujarat-Karottensalat

Die Karotten grob raspeln, in eine Schüssel geben und beiseitestellen.

Das Öl in einem Kadhai, einem Wok oder einer großen Pfanne auf mittlerer Stufe erhitzen. Die Senf- und Kreuzkümmelsamen hineingeben und unter Rühren anbraten, bis die Senfsamen platzen. Dann die Pfanne sofort vom Herd nehmen und Chili, Zucker, Salz und Kurkuma unterrühren. Die Gewürzmischung 5 Minuten abkühlen lassen.

Die warme Gewürzmischung mit dem Öl über die Karotten gießen und den Zitronensaft dazugeben. Alles gut vermengen, abschmecken und abgedeckt mindestens 30 Minuten kalt stellen. Den Salat vor dem Servieren noch einmal gut durchmengen.

FÜR 4–6 PERSONEN

2 große Tomaten

DRESSING

1 EL fein gehackte Frühlingszwiebeln

1 TL fein gehackter Knoblauch

½ TL Sesamöl

1 EL weißer Reisessig

½ TL Salz

1 Prise weißer Pfeffer

1 Prise Zucker

CHUNG SIK FAAN KE SA LEUT

Chinesischer Tomatensalat

Für das Dressing alle Zutaten gründlich verrühren und beiseitestellen.

Die Tomaten in dünne Scheiben schneiden und auf einem Servierteller anrichten. Mit dem Dressing beträufeln.

Tipp

Verwenden Sie vollreife, aber noch feste Tomaten, und schneiden Sie sie mit einem scharfen Messer, im Idealfall mit einem Tomatenmesser.

FÜR 4 PERSONEN
2 EL Pflanzen- oder Erdnussöl
1 EL Chiliöl
1 Zwiebel, in Ringen
2,5-cm-Stück frische Ingwerwurzel, gerieben
1 kleiner Brokkoli, in Röschen geteilt
2 Karotten, in Stiften
1 rote Paprika, in Würfeln
1 gelbe Paprika, in feine Streifen geschnitten
50 g Zuckererbsen, halbiert
50 g Baby-Maiskolben, halbiert

DRESSING
2 EL Pflanzen- oder Erdnussöl
1 TL Chiliöl
1 EL Reisessig
Saft von 1 Limette
½ TL Fischsauce

JAM PAG RUAM-MIT

Scharf-saurer Gemüsesalat

Die Öle im Wok oder in einer großen Pfanne erhitzen. Zwiebel und Ingwer darin 1–2 Minuten weich dünsten. Alle Gemüsesorten zugeben und 2–3 Minuten unter Rühren anbraten, bis sie gerade weich sind. Vom Herd nehmen und beiseitestellen.

Die Dressingzutaten miteinander vermengen. Das Gemüse auf eine Servierplatte geben und mit dem Dressing beträufeln. Entweder sofort warm servieren oder erst abkühlen lassen, damit sich die Aromen optimal entfalten und vermischen können, dann erst servieren.

FÜR 4 PERSONEN

1 Papaya, geschält

350 g gegarte, geschälte große Garnelen

DRESSING

4 Frühlingszwiebeln, fein gehackt

2 frische rote Chillies, entkernt und fein gehackt

1 TL Fischsauce

1 EL Pflanzen- oder Erdnussöl

Saft von 1 Limette

1 TL Palmzucker oder brauner Zucker

gemischte grüne Salatblätter

SOMDTAM GUNG

Garnelen-Papaya-Salat

Die Papaya entkernen und in dünne Scheiben schneiden. Vorsichtig unter die Garnelen heben.

Alle Zutaten für das Dressing in einer Schüssel vermengen oder in ein Schraubglas geben und schütteln.

Eine Schüssel mit den Salatblättern auslegen und die Papaya-Garnelen-Mischung darauf anrichten. Mit dem Dressing übergießen und sofort servieren.

Desserts

FÜR 6 PERSONEN

4 Äpfel, geschält, ohne Kerngehäuse und in 8 Ringe geschnitten

Pflanzen- oder Erdnussöl, zum Frittieren

TEIG

115 g Mehl

1 Ei, verquirlt

125 ml kaltes Wasser

KARAMELL

4 EL Sesamöl

225 g Zucker

2 EL geröstete Sesamsaat

BAT SI PING GWO

Karamellisierte Apfelküchlein

Für den Teig das Mehl sieben und das Ei unterrühren. Nach und nach das Wasser einarbeiten und alles zu einem glatten zähen Teig verarbeiten. Die Apfelringe in den Teig tauchen.

Öl im Wok, in der Fritteuse oder einem schweren Topf auf 180–190 °C erhitzen (ein Brotwürfel bräunt darin in 30 Sekunden). Die Apfelringe portionsweise goldbraun ausbacken. Abtropfen lassen und beiseitestellen.

Für den Karamell das Sesamöl in einem kleinen schweren Topf erhitzen. Wenn es zu rauchen beginnt, den Zucker zugeben und unter ständigem Rühren erhitzen, bis er karamellisiert und goldgelb ist. Den Topf vom Herd nehmen, den Sesam unterrühren und den Karamell in eine Pfanne gießen.

Bei sehr geringer Hitze die Apfelküchlein in die Pfanne geben. Beidseitig im Karamell wenden und dann kurz in kaltes Wasser tauchen. Abtropfen lassen und sofort servieren.

TIPP

Überziehen Sie die Apfelringe rasch mit dem fertigen Karamell, damit er nicht am Pfannenboden ansetzt.

FÜR 4 PERSONEN

1 Ananas

1 Mango, geschält, entsteint und gewürfelt

4 EL Butter

4 EL Ahornsirup

1–2 TL Zimt

1 TL frisch geriebene Muskatnuss

4 EL brauner Zucker

2 Passionsfrüchte

150 g saure Sahne

abgeriebene Schale von 1 Orange

SAB-BPA-ROT OB

Gebackene Ananas

Den Ofen auf 200 °C vorheizen. Die Ananas mit einem scharfen Messer schälen und vierteln. Den Mittelstrang herausschneiden und das Fruchtfleisch in große Würfel schneiden. Diese mit den Mangowürfeln in eine Auflaufform geben.

Butter, Sirup, Zimt, Muskat und Zucker in einem kleinen Topf unter ständigem Rühren bei schwacher Hitze zerlassen. Die Sirupmischung über das Obst gießen und dieses im Ofen in 20–30 Minuten braun backen.

Die Passionsfrüchte halbieren, die Kerne herauslöffeln und über das gebackene Obst geben. Die saure Sahne mit der Orangenschale vermengen und dazureichen.

FÜR 4–6 PERSONEN

Pflanzen- oder Erdnussöl, zum Braten

4–5 mittelreife Bananen, längs halbiert und in 7 cm lange Stücke geschnitten

TEIG

60 g Mehl

1 Prise Salz

1 Ei, verquirlt

60 ml Milch

25 g Zucker

JA HEUNG JIU

Gebratene Bananen im Teigmantel

Für den Teig Mehl und Salz in eine Schüssel sieben. Das Ei unterrühren. Nach und nach mit der Milch zu einem glatten, zähen Teig verarbeiten. Dann den Zucker einrühren.

Etwas Öl im Wok oder in einer tiefen Pfanne erhitzen. Die Bananenstücke in den Teig tauchen und dann etwa 3–4 Minuten portionsweise goldbraun braten. Abtropfen lassen und warm servieren.

TIPP

Für einen feineren Geschmack geben Sie zum Braten zusätzlich etwas Butter in den Wok oder verwenden Sie ausschließlich Butter. Achten Sie nur darauf, dass sie nicht verbrennt.

FÜR 4 PERSONEN
60 g Kokoscreme, gewürfelt
150 ml Crème double
4 Bananen
Saft und abgeriebene Schale von 1 Limette
1 EL Pflanzen- oder Erdnussöl
50 g getrocknete Kokosflocken

222

GLUAI BPING
Gegrillte Bananen mit Kokos

Kokoscreme mit der Crème double in einem kleinen Topf unter Rühren vorsichtig erhitzen, bis die Kokoscreme ganz aufgelöst ist. Vom Herd nehmen und 10 Minuten abkühlen lassen, dann halbsteif schlagen.

Die Bananen schälen und in Limettensaft und -schale wenden. Eine vorgeheizte Grillpfanne einölen und die Bananen in 2–3 Minuten von beiden Seiten braun anbraten.

Die Kokosflocken auf einem Stück Alufolie auf der obersten Backofenschiene hellbraun rösten. Die Bananen mit den Kokosflocken bestreuen und mit der Kokoscreme servieren.

FÜR 6 PERSONEN

25 g Sago, mindestens 20 Min. in warmem Wasser eingeweicht

250 ml warmes Wasser

2 EL Zucker

1 große reife Mango, etwa 280 g

200 g Schlagsahne

1 EL gemahlene Gelatine, in 250 ml warmem Wasser aufgelöst

MONG GWO BOU DIN
Mangopudding

Den abgetropften Sago mit dem abgemessenen Wasser in einen Topf geben und zum Kochen bringen. Bei kleiner Hitze 10 Minuten unter häufigem Rühren köcheln lassen, bis die Masse eingedickt ist. Den Zucker einrühren und alles abkühlen lassen.

Die Mango schälen. Das Fruchtfleisch vom Stein lösen und im Mixer oder mit dem Pürierstab glatt pürieren. Sahne und Gelatinemasse unterrühren.

Alle Zutaten gut miteinander vermengen. In 6 Dessertschalen füllen und im Kühlschrank fest werden lassen.

TIPP
Falls keine Mango erhältlich ist, können Sie auch andere Früchte wie Pfirsiche nehmen.

FÜR 4–6 PERSONEN

fein abgeriebene Schale und Saft von 1 Limette

500 g frisches Obst, z. B. Bananen, Guaven, Orangen, Kumquats, Mangos, Melonen und Ananas

Joghurt, zum Servieren

WÜRZSIRUP

250 g Zucker

150 ml Wasser

1 Vanillestange, längs aufgeschlitzt

1 Zimtstange, halbiert

½ TL Fenchelsamen

½ TL schwarze Pfefferkörner, grob zerstoßen

½ TL Kreuzkümmelsamen

PHAL KI CHAAT

Pikant gewürzter Obstsalat

Zuerst den Würzsirup zubereiten: Zucker, die Hälfte des Wassers, Vanillestange, Zimtstange, Fenchelsamen, Pfeffer und Kreuzkümmelsamen in einen kleinen Topf geben und bei mittlerer Hitze unter Rühren langsam zum Kochen bringen. Sobald die Zuckerlösung zu kochen beginnt, nicht mehr rühren, sondern den Sirup einköcheln, bis er sich goldbraun färbt.

Jetzt vorsichtig das restliche Wasser unterrühren. Achtung: Der heiße Sirup spritzt. Gut durchrühren, um etwa gebildeten Karamell aufzulösen, den Topf vom Herd nehmen und den Sirup etwas abkühlen lassen.

Inzwischen Limettenschale und -saft in eine große, hitzebeständige Schüssel geben. Die einzelnen Früchte servierfertig vorbereiten, klein schneiden und in die Schüssel geben. Bananenscheiben sofort im Limettensaft wenden, damit sie sich nicht verfärben.

Den Sirup über das Obst gießen und vollständig abkühlen lassen. Dann die Schüssel abdecken und den Obstsalat mindestens 1 Stunde kalt stellen, bevor er mit cremigem Joghurt serviert wird.

TIPP

Wenn Sie Orangen, Ananas oder andere saftige Früchte verwenden, geben Sie den Saft mit in den Salat und drücken Sie Fruchthäutchen und -schalen gut über der Schüssel aus. Beim Auslösen von Fruchtsegmenten über der Schüssel arbeiten, um den Saft aufzufangen.

FÜR 4 PERSONEN
4 mittelreife Birnen
200 ml Wasser
1 TL Zucker
1 EL Honig

MAT JIN SYUT LEI
Birnen in Honigsirup

Die Birnen schälen, dabei die Stiele intakt lassen. Jede Birne in Alufolie wickeln, den Stiel aussparen. In einen Topf setzen und mindestens bis zur Hälfte der Früchte mit Wasser auffüllen. Das Wasser zum Kochen bringen und 30 Minuten köcheln lassen. Die Birnen herausnehmen, die Alufolie vorsichtig entfernen, dabei den ausgetretenen Birnensaft in einer Schale auffangen. Die Birnen abkühlen lassen.

Das abgemessene Wasser zum Kochen bringen. Birnensaft, Zucker und Honig zugeben und 5 Minuten kochen. Den Sirup vom Herd nehmen und etwas abkühlen lassen.

Zum Servieren die Birnen in Dessertschalen setzen und mit etwas Sirup begießen. Lauwarm servieren.

TIPP
Ein besonders schöner Farbkontrast entsteht, wenn Sie die Birnen in dunklen Dessertschalen servieren.

FÜR 4 PERSONEN
225 g Mehl
2 EL hellbrauner Zucker
2 Eier
450 ml Milch
abgeriebene Schale und Saft von 1 Zitrone
4 EL Butter
3 Bananen
4 EL Ahornsirup

BPÄNG HOR GLUAI
Crêpes mit Bananenfüllung

Das Mehl mit dem Zucker verrühren, dann die Eier und die Hälfte der Milch untermengen und alles sehr gut verrühren. Die übrige Milch nach und nach unter ständigem Rühren zufügen, sodass ein glatter Teig entsteht. Zuletzt die Zitronenschale einrühren.

Etwas Butter in einer Pfanne von 20 cm Durchmesser zerlassen. Ein Viertel des Teigs in die Pfanne gießen, gleichmäßig verlaufen lassen und 1–2 Minuten backen. Die Crêpe wenden und von der anderen Seite garen. Aus der Pfanne auf einen Teller gleiten lassen und warm stellen. Auf die gleiche Weise weitere 3 Crêpes backen.

Die Bananen in Scheiben schneiden und im Zitronensaft wenden. Mit dem Sirup übergießen und darin wenden. Jede Crêpe zweimal falten, sodass eine dreieckige Tasche entsteht, und diese mit Bananenscheiben füllen. Warm servieren.

FÜR 4 PERSONEN

60 g Kokoscreme, gewürfelt
150 ml kochendes Wasser
225 g Mehl
2 EL Zucker
2 Eier
450 ml Milch
2 EL getrocknete Kokosflocken
4 EL Butter
½ Melone, entkernt, geschält, in feinen Spalten

KHA-NOM-BÜANG MA-PRAU-ORN

Kokos-Pfannküchlein

Die Kokoscreme in eine Schüssel geben, das Wasser zugießen und rühren, bis die Creme aufgelöst ist.

Das Mehl in einer anderen Schüssel mit dem Zucker verrühren. Die Eier und die Hälfte der Milch untermengen. Nach und nach die übrige Milch und dann die Kokoscreme unterrühren, sodass ein dickflüssiger Teig entsteht. Zuletzt die Kokosflocken unterheben.

Etwas Butter in einer gusseisernen Pfanne zerlassen. 3–4 esslöffelgroße Teigportionen mit ausreichendem Abstand in die Pfanne geben. Pfannküchlein 1–2 Minuten backen, dann wenden und von der anderen Seite backen. Aus der Pfanne nehmen und warm stellen. Den übrigen Teig ebenso zu Pfannküchlein verarbeiten. Mit den Melonenspalten warm servieren.

FÜR 4–6 PERSONEN
einige Safranfäden
150 g Crème double, plus etwas mehr zum Servieren
150 ml Milch
60 g Zucker
Samen aus 3 grünen Kardamomkapseln
½ Zimtstange
50 g gemischtes Trockenobst, z. B. Aprikosen, Mango und Feigen, fein gehackt
6 EL Ghee, Pflanzen- oder Erdnussöl
6 Toastscheiben, ohne Rinde, in Dreiecke geschnitten
frisch geriebene Muskatnuss, zum Garnieren

SHAHI TUKRA

Indischer Brotauflauf

Einen Topf ohne Fett auf hoher Stufe erhitzen, die Safranfäden hineingeben und unter Rühren anrösten, bis sie ihren Duft entfalten. Dann sofort aus dem Topf nehmen.

Crème double, Milch, Zucker, Kardamomsamen, Zimtstange und Trockenobst in den Topf geben. Die Safranfäden wieder zugeben und alles auf mittlerer Stufe unter Rühren erhitzen, bis sich kleine Bläschen am Rand bilden. Die Pfanne vom Herd nehmen und die Safranmischung mindestens 15 Minuten ziehen lassen.

Inzwischen den Backofen auf 200 °C vorheizen und eine Auflaufform (25 cm × 20 cm) leicht einfetten.

Ein Drittel des Ghee in einer großen Pfanne bei mittlerer Hitze zerlassen. So viele Brotscheiben hineingeben, wie in einer Lage in die Pfanne passen, goldbraun anbraten, dann wenden und von der anderen Seite braten. Brotscheiben aus der Pfanne nehmen und auf Küchenpapier abtropfen lassen. So fortfahren, dabei nach Bedarf weiteres Ghee zugeben.

Die Brotscheiben in die Auflaufform schichten und mit der Safranmischung übergießen; dabei die Zimtstange entfernen. Den Brotauflauf 20 Minuten backen, bis er goldbraun ist. Einige Minuten stehen lassen, dann mit frisch geriebenem Muskat bestreuen und heiß servieren; dazu etwas gekühlte Crème double reichen.

FÜR 6–8 PERSONEN
1 EL Erdnüsse
1 EL Pinienkerne
1 EL Lotussamen
225 g gemischte Trockenfrüchte (Rosinen, Kumquats, Pflaumen, Datteln usw.)
2 l Wasser
115 g Zucker
225 g Klebreis, 2 Std. in kaltem Wasser eingeweicht

236

LAAP BAAT JUK

Winterlicher Reispudding mit Trockenfrüchten

Erdnüsse, Pinienkerne und Lotussamen mindestens 1 Stunde in kaltem Wasser einweichen. Falls nötig, die Trockenfrüchte ebenfalls einweichen. Größere Früchte klein schneiden.

Das Wasser in einem großen Topf zum Kochen bringen. Den Zucker zufügen und unter Rühren auflösen. Reis, Nüsse, Samen und Früchte abgießen, abtropfen lassen und in das Zuckerwasser geben. Erneut zum Kochen bringen. Abgedeckt bei sehr geringer Hitze 1 Stunde unter häufigem Rühren köcheln lassen.

TIPP
Der Reispudding sollte die Konsistenz einer sehr dickflüssigen Suppe haben. Für einen dünneren Pudding geben Sie einfach noch etwas Wasser hinzu.

FÜR 4–6 PERSONEN
80 g Basmatireis
1,2 l Milch
Samen aus 4 grünen Kardamomkapseln
1 Zimtstange
100 g Zucker (nach Belieben)

ZUM SERVIEREN
brauner Rohrzucker (nach Belieben)
geröstete Pistazien, gehackt (nach Belieben)

KHEER
Kheer

Den Basmatireis unter fließend kaltem Wasser waschen, bis das Wasser klar bleibt. Den Reis mit Wasser bedecken und 30 Minuten einweichen. Abgießen und beiseitestellen.

Einen Kochtopf mit kaltem Wasser ausspülen und nicht abtrocknen. Die Milch in den Topf gießen, Kardamomsamen und Zimtstange zugeben, dann Reis und Zucker einrühren.

Die Milch bei mittlerer Hitze unter Rühren langsam zum Kochen bringen. Die Hitze auf niedrigste Stufe reduzieren und die Milch-Reis-Mischung unter häufigem Rühren 1 Stunde köcheln, bis der Reis sehr weich und die Milch eingedickt ist. Wenn der Reis gar ist, können Sie nach Belieben noch etwas Milch unterrühren, um den Reispudding dünnflüssiger zu machen, oder das Ganze noch etwas länger köcheln, wenn Sie es dickflüssiger wünschen.

Den Reispudding in Portionsschälchen geben, mit Rohrzucker bestreuen und sofort warm servieren oder in eine Schüssel umfüllen und unter häufigem Rühren vollständig abkühlen lassen. Dann abdecken und bis zum Servieren kalt stellen. Den Reispudding zum Servieren in Schälchen geben und nach Belieben mit Rohrzucker und Pistazien bestreuen.

TIPP
Besonders festlich wirkt das Dessert, wenn Sie es abschließend mit Zimtpulver bestreuen.

FÜR 6–8 PERSONEN

GELEE
850 ml Wasser
5 g Agar-Agar
225 g Zucker
125 g Kondensmilch
1 TL Bittermandelaroma

INGWERSAUCE
100 g frische Ingwerwurzel, grob gehackt
850 ml Wasser
55 g brauner Zucker

240

GEUNG JAP HANG YAN JE LEI

Mandelgelee in Ingwersauce

Für das Gelee das Wasser zum Kochen bringen. Agar-Agar unter Rühren darin auflösen. Den Zucker unterrühren.

Durch ein Haarsieb in eine flache Form gießen. Die Kondensmilch unter ständigem Rühren zugießen. Leicht abkühlen lassen, dann das Mandelaroma unterrühren. Vollständig abkühlen, dann im Kühlschrank fest werden lassen.

Für die Ingwersauce Ingwer, Wasser und Zucker in einem abgedeckten Topf mindestens 1½ Stunden einkochen, bis die Sauce goldgelb ist. Anschließend den Ingwer entfernen.

Das Gelee in Rechtecke schneiden und in Dessertschalen anrichten. Etwas Ingwersauce warm oder kalt darübergeben und servieren.

TIPP
Die Ingwersauce schmeckt auch zu weichem Tofu.

FÜR 6–8 PERSONEN
85 g Kokoscreme, gewürfelt
600 g Crème double
225 g Puderzucker
2 Bananen
1 EL Zitronensaft
frisches Obst, zum Servieren

EI-TIM GA-TI GAB GLUAI
Bananen-Kokos-Eiscreme

Die Kokoscreme in eine kleine Schüssel geben, knapp mit kochendem Wasser bedecken und so lange rühren, bis sie ganz aufgelöst ist. Abkühlen lassen.

Die Crème double mit dem Puderzucker halbsteif schlagen. Die Bananen mit dem Zitronensaft zu Mus zerdrücken und zusammen mit der abgekühlten Kokoscreme vorsichtig unter die Crème double ziehen.

Die Mischung in einen Gefrierbehälter geben und über Nacht in den Tiefkühlschrank stellen. Mit mundgerecht zugeschnittenem Frischobst servieren.

TIPP
Die Crème double keinesfalls zu steif schlagen, sonst flockt sie bei der Zugabe anderer Zutaten aus.

FÜR 4 PERSONEN
½ TL Safranfäden
75 ml Milch
1 EL Reismehl
½ EL gemahlene Mandeln
225 g Kondensmilch
225 g Crème double
2 EL Zucker
2 EL abgezogene, geröstete und gehackte Mandeln, zum Garnieren
frische Minzezweige, zum Garnieren

KESAR BADAAM KULFI

Safran-Mandel-Kulfi

Eine Pfanne ohne Fett auf hoher Stufe erhitzen, die Safranfäden hineingeben und unter Rühren anrösten, bis sie ihren Duft entfalten, dann sofort aus der Pfanne nehmen. Die Hitze auf mittlere Stufe reduzieren, die Milch in die Pfanne gießen, Safranfäden zugeben und die Milch erhitzen, bis sich am Rand kleine Bläschen bilden. Die Pfanne vom Herd nehmen und die Safranmilch mindestens 15 Minuten ziehen lassen. Inzwischen Reismehl und gemahlene Mandeln in einer hitzebeständigen Schüssel vermengen. Einen flachen, leeren Gefrierbehälter in den Gefrierschrank stellen.

Die Safranmilch erneut erhitzen, bis sich kleine Bläschen am Rand bilden, dann die Milch sehr gut unter die Mandelmischung ziehen, sodass alle Klümpchen aufgelöst werden.

Die Kondensmilch in einem Topf bei mittlerer Hitze unter Rühren zum Kochen bringen. Vom Herd nehmen und mit der Milch-Mandelmischung verrühren. Crème double und Zucker unterrühren. Den Topf zurück auf den Herd stellen und die Mischung bei mittlerer Hitze unter Rühren 5–10 Minuten leicht köcheln, bis sie eindickt. Vom Herd nehmen und unter häufigem Rühren abkühlen lassen. In den Gefrierbehälter gießen und 30 Minuten in den Gefrierschrank stellen, dann durchrühren, um große Eiskristalle zu zerkleinern. Alle 30 Minuten durchrühren, bis die Eiscreme fast fest ist. 4 Souffléförmchen in den Gefrierschrank stellen.

Die Mischung auf die 4 Souffléförmchen verteilen, diese mit Deckel oder Frischhaltefolie bedecken und mindestens 2 Stunden einfrieren.

Vor dem Servieren ein Tuch in heißes Wasser tauchen, auswringen und die Förmchen von außen damit abwischen. Die Förmchen auf Teller stürzen. Das Eis mit gehackten Mandeln und Minzezweigen garnieren.

FÜR 4 PERSONEN
225 g Zucker
600 ml Wasser
abgeriebene Schale und Saft von 2 Limetten
1 kleine Ananas, geschält, geviertelt und gewürfelt
Gebäck, zum Servieren

EI-TIM SAB-BPA-ROT GAB MA-NAU

Ananas-Limetten-Sorbet

Zucker und Wasser in einen Topf geben und vorsichtig unter Rühren erhitzen, bis der Zucker vollständig aufgelöst ist. Dann einmal aufkochen und 10 Minuten köcheln.

Die Limettenschale und die Hälfte des Limettensafts unterrühren. Vom Herd nehmen und abkühlen lassen.

Das Ananasfleisch in einer Küchenmaschine oder mit einem Pürierstab pürieren. Den abgekühlten Sirup und den restlichen Limettensaft unterrühren. Die Sorbetmasse in einen Gefrierbehälter füllen und ins Tiefkühlfach stellen, bis sie gerade körnig zu erstarren beginnt und sich Kristalle um den Rand des Behälters bilden.

Das Sorbet in eine Schüssel stürzen und mit einer Gabel gründlich durchrühren. Zurück ins Tiefkühlfach geben und über Nacht durchfrieren lassen. Kugelförmig portionieren und mit dem Gebäck servieren.

TIPP
Man kann die Ananas auch halbieren, das Fleisch herauslösen und die Schalenhälften als attraktive Servierschalen für das Sorbet verwenden.

FÜR 4 PERSONEN
450 ml Crème double
150 ml Naturjoghurt
4 EL Ingwersirup (aus dem Ingwerpflaumen-Glas)
6 eingelegte Ingwerpflaumen, gehackt
4 EL brauner Zucker
120 g Filo-Teig
3 EL Butter, zerlassen
3 EL Sesamsaat

KA-NAM RANG OB JA RAD NA KHING

Knuspriges Sesamgebäck mit Ingwercreme

Die Crème double dickflüssig schlagen. Joghurt und Ingwersirup unterrühren. Die gehackten Ingwerpflaumen in 4 Gläser oder Tassen geben und die Ingwercreme darauf verteilen. 1 Esslöffel Zucker in jedes Glas streuen und die Creme über Nacht kühlen.

Den Ofen auf 200 °C vorheizen. Die Filo-Teigblätter in 16 Quadrate von je 10 cm × 10 cm schneiden. Ein Teigquadrat mit zerlassener Butter bestreichen, ein zweites Quadrat diagonal darauflegen. Noch zweimal wiederholen, sodass eine 4-lagige Teigplatte entsteht. Auf diese Weise noch 3 Teigpakete herstellen.

Die oberste Teigplatte mit Butter bestreichen, mit Sesam bestreuen und 10–15 Minuten goldbraun backen. Warm servieren; dazu die Ingwercreme reichen.

ERGIBT 4–6 GLÄSER

70 g frische Ingwerwurzel, sehr fein gehackt

½ EL fein abgeriebene Zitronenschale

1,2 l kochend heißes Wasser

2 EL frisch gepresster Zitronensaft (nach Belieben)

4 EL Zucker (nach Belieben)

Zitronenscheiben und Minze, zum Dekorieren

ADRAK KA SHARBAT

Ingwer-Saft

Den Ingwer mit der Zitronenschale in eine hitzebeständige Schüssel geben. Mit dem kochenden Wasser übergießen, umrühren und über Nacht ziehen lassen.

Die Flüssigkeit durch ein Sieb in eine große Kanne gießen. Nach Belieben Zitronensaft und Zucker zufügen, gut verrühren und nochmals abschmecken. Mit Zitrone und Minze dekoriert servieren.

ERGIBT 4–6 GLÄSER

1 große Mango, grob gehackt
700 g Naturjoghurt
250 ml kaltes Wasser
2 EL Zucker (nach Belieben)
frischer Limettensaft (nach Belieben)
Eiswürfel
gemahlener Ingwer, zum Garnieren (nach Belieben)

AAM KI LASSI

Mango-Lassi

250 g Mangofleisch mit dem Joghurt im Mixer oder in einer Küchenmaschine glatt pürieren (übrig gebliebenes Mangofleisch z. B. zu Obstsalat verarbeiten). Das Wasser zugeben und gut untermengen.

Die benötigte Zuckermenge hängt davon ab, wie süß die Mango ist. Das Lassi nach Belieben mit Zucker süßen, dann mit Limettensaft abschmecken.

Eiswürfel in 4 oder 6 Gläser geben und das Mango-Lassi darübergießen. Nach Belieben mit etwas gemahlenem Ingwer bestreuen.

TIPP

Beim Kauf frischer Mangos auf eine makellose Schale achten. Eine reife Mango gibt bei Druck auf die Schale etwas nach. Eine unreife Mango kann schneller zur Reife gebracht werden, wenn sie mit einem Apfel in einen Plastikbeutel gegeben wird. Den Plastikbeutel zuvor an einigen Stellen durchlöchern. Mangosaft kann dauerhafte Flecken hinterlassen.

Register

ORIGINAL-REZEPTNAMEN